经济学怎么了

[英] 罗伯特·斯基德尔斯基 著
林孟蔚 译

文汇出版社

目 录

前　言 ……… Ⅲ

第一章　为何要谈方法论？ ……… 1

第二章　基础：欲望与手段 ……… 21

第三章　经济增长 ……… 41

第四章　均衡 ……… 69

第五章　模型与定律 ……… 85

第六章　经济心理学 ……… 113

第七章　社会学与经济学 ……… 135

第八章　制度经济学 ……… 161

第九章　经济学与权力 ……… 175

第十章　为什么要研习经济思想史 ……… 199

第十一章 经济史 ……… 215

第十二章 经济学与伦理学 ……… 233

第十三章 放弃无所不知 ……… 261

第十四章 经济学的未来 ……… 277

注　释 ……… 282

参考文献 ……… 290

前　言

许多学生想学经济学，是希望改善世界。但他们很快发现，经济学专业学的是经济学家在做的事。可问题是，经济学家做的事与他们的目标一致吗？本书便是要尝试回答这个问题。

之所以有这个问题，是因为主流经济学在过去30年中，成为了经济生活中许多问题的"同谋"：先是取消劳动保护，再是不平等激增，最后到2007—2008年全球金融体系崩溃。自由竞争"像一个大怪物，未经驯化，肆意无常，横冲直撞，对人类命运漠不关心"。[1]这句话取自阿尔弗雷德·马歇尔（Alfred Marshall）的《经济学原理》(Principles of Economics)，恰如其分地描述了我们这个时代会发生的事。

任何一个有历史感的人都知道，妄图将世界打造成一个无边界、无文化的单一市场，最终必将惨淡收场。但经济学的主导趋势认为，市场主导的全球化代表着一个新时代的到来，人类在历史上第一次摆脱了对无限买卖的非理性抵制。我不由得思考，一个专业，究竟是出于何种心态，才会提出这样一种解读，并称之为进步。此外，我逐渐开始相信，"为市场松绑"的趋势，早在经济学诞生之日就已存在：今天的主流经济学基本上只是在回归本源。我想得越多，就越确信经济学的主要错误不在于具体某些学说，而在于它得出结论所用的方法。

我所希望做的，是洞察经济学家的思维，洞察经济学家对经济行为特有的思考方式。我并不是在说所有经济学家都以同一种方式思考问题，我提出的是一个"模型"，旨在解释经济学家思维方式的突出特征。我发现，在经济学家的脑海中，人只会最大化效用。经济学家认为，解开人类行为之谜的神奇钥匙，是合理的目标和对行动后果的可靠计算。这一"经济人"的概念支撑着他们的政策建议，因为个体会以可预测的方式对干预做出反应。经济学家提出的建议之所以常常出错，原因在于他们对人类动机的描述并不完整。很简单，如果某个选择和行为不是基于他们所设定的行为运算，经济学描述便会将其排除在外。因此，有许多结果经济学未能准确预测到。

我攻击的主要目标是"新古典"经济学，又称"边际主义"或"主流"经济学（这些叫法可以互换使用），因为这一学派在教科书中占据主导地位，并赋予了今天的经济学研究方式一种独特风格。我将其与"古典"经济学区分开来：无论是在关于社会构成的观点上，还是在关于知识获取方式的观点上，古典经济学派都比其新古典继承者的视野更加广阔。新古典经济学声称真正存在的只有个体——组织只是个体的聚合体，并声称个体的理性使其行为可以预测，由是大大缩小了学科的范围。我称之为主流，是因为新古典主义立场自从在莱昂内尔·罗宾斯（Lionel Robbins，1898—1984）1932年的一篇著名文章中得到明确定义，便一直在这个专业中占据主导地位。我自己身处批评立场，因此必然指向此方法的缺点，而非其优点；鉴于它对知识的夸大，需要暴露出来的必是缺点，而非优点。经济学的强大之处在于其概括能力，而缺点则是其基于过分简单的前提假定进行概括。我攻击的焦点正是这一缺陷。

新古典经济学认为自己是社会科学中最像物理学的，能够给出"硬"预测。在它自己看来，这一点赋予了它独特的权威。对此，人们可能会说：就算你穿上警察的制服，你也没有警察的职权。经济学的"制服"令人印象深刻，它到处都是模型、方程、回归、数据：人们将权威与科学联系起来，而社会学和政治学研究的不是科学，于是低人一等，成了显然不权威的思考。现在经济学无疑是最具影响力的社会科学，也是政府和管理人员最敬重的学科。那么它是如何完成这项壮举，让自身权威超越所有其他社会科学的呢？

我们将会看到，答案很大一部分是数字的魔力。经济学有着独特的说服力，是因为它能将数字与数学符号联系起来。经济学家也正因此才能够做出定量预测。其他社会科学都不会如此狂热地计算、度量其研究材料。许多著名经济学家都抱怨过经济学过度使用数学，但很少有人能解释明白，说清楚数学的过度使用是因为经济学将经济行为限定为可以度量的行为。要不是因为经济的数学模型能被理解为人与物的数量,没有人会对它们感兴趣。

我认为,数学语言必须被视为说服技艺的一部分,不是论证技艺中的一部分,因为经济学家无法自证所说属实,只能说服你以他们的方式看待世界。

有人会批评我对于新古典经济学研究方式的描述,说我的讲述像漫画似的,太过简单。这样的批评并不难提出,而且一定程度上也是合理的,某些读者可能觉得我歪曲了经济学家的思想。但是在教科书中,最盛行的恰恰就是漫画:先以"愚蠢"的形式陈述假说〔如保罗·克鲁格曼(Paul Krugman,1953—)所言〕,然后"放松假定",使其更接近现实。这种方法会使推理产生过分简单的倾向。然而财经记者、商业说客和政界人士视为福音的,却往往是这些"玩具"模型。玩具模型会将货币抽象掉,然后又将其添加进更复杂的模型中。这个例子很好地说明了此种方法未能理解金融系统在2008年危机中的关键作用,无法理解其"推动者"角色。玩具模型剔除了权力和不确定性,不考虑它们在结果产生过程中的普遍影响。

另一种批评可能会说我的讲述忽略了主流经济学自20世纪80年代以来的发展。2008年全球经济危机无疑是一场冲击,引发了经济学真正的自省。迄今为止,"行为经济学"是这次反省最主要的成果。除了行为经济学,专业期刊上还有数百篇论文解释了衰退、崩溃和萧条的发生方式。所有这些进展,哪怕只是迟钝地发现了对于非经济学家而言一直显而易见的行为,也都是值得欢迎的。对于这些现实主义的新尝试,我批评它们从一开始就走偏了,因为它们试图遵循的方法扎根于与理性计算相反的假说,但其实在这些模型中,人们只可能理性行事(最大化、最优化),即便结果可能与他们的预期相去甚远。正如诺贝尔奖得主托马斯·萨金特(Thomas Sargent,1943—)所说:"非理性是理性的一个特例。"萨金特总能对主流立场做出精辟总结。

我在讲述经济学的研究方法时,尽量只引用该领域最好的学者,所引之人许多都是诺贝尔奖得主。同样,对主流经济学最尖锐的攻击,并非黄口小儿所说,而是出自经济思想史上最优秀的人物。

这本书并非一本教科书,但它指向了教科书中的内容,其目标读者是经济学专业的学生。本书的写作方式旨在吸引那些想知道经济学正引领我们走向何方的经济学家和非经济学家的兴趣。我的目的是想让经济学家仔细考察隐含的前提假定,将其暴露在阳光下,想想自己有多相信模型所言。语言上我尽量简单,但想法复杂,往往较为深刻。这本书基于2018年我应邀在伦敦和纽约为新经济思想研究所(Institute for New Economic Thinking)开设的课程。我利用写书的机会弥补了课程时长较短导致的种种疏漏。在收到课程的评论与批评之后,我也重新思考了自己所说的一些话。

我有什么资格谈论这些事呢?我本科学的是历史,博士研究的是政治学。我一直对历史与政治的经济方面感兴趣,但是,当我决定为伟大的经济学家约翰·梅纳德·凯恩斯(John Maynard Keynes,1883—1946)写作传记时,便很快意识到,对经济学只略知一二并不足够。所以我认真研习了该学科,写了三卷本的《凯恩斯传》,最终成为华威大学经济系政治经济学的讲席教授。

这些个人经历通过两个方面影响着书中内容。其一，我来到经济学领域，本身带有强烈的历史偏向——在语境中看待经济学说的偏向。其二，经济学不是我学习的第一门学科，我是半路出家的，慢慢才开始学习它的方法、习惯和规矩，就像一个人类学家研究某个部落，也像一个移民尝试掌握其迁入社区的习俗。我从外部观察了经济学家的思想，从中学到了很多东西。但我讲经济学语言的时候"带有口音"。

关于这本书与"非正统经济学"之间的关系，我需要多说一句。"非正统经济学"也高度批评主流方法，根据著名的非正统经济学家杰弗里·霍奇森（Geoffrey Hodgson）的观点，非正统经济学应该致力于建立一门包括但超越新古典经济学的统一学科，以保持他所谓经济学知识的"累积性进步"。而我认为，我们离统一学科还差得远，甚至并不需要新的正统观点。

在我看来，经济学的正确发展方向应该是约翰·凯（John Kay）所说的"因事制宜"——将经济学理论与不同应用场景结合起来。简言之，经济学应该放弃尝试构建一套适用于所有情况和问题的普适定律；具体而言，应该放弃"微观基础"的宏观经济学——换言之，不再坚持所有一般结果都要以独立个体的理性选择来解释，因为这样的理论会导致荒谬且不符合人性的结论，例如大规模失业是因为许多个人选择不去工作。我更喜欢"多元主义"这个说法，不喜欢"非主流学说"的标签。多元主义意味着要明确考虑其他学科的见解。此外，我远不能相信霍奇森教授设想的那种经济知识的"累积性进步"。主要原因是，与大多数自然科学不同，经济学没有可靠的方法能够检验一般性的经济学命题。

主流传统之外存在着众多优秀经济学家与思想流派，本书甚至连近于恰当地讨论它们都做不到，因为实在是太多了，包括生态经济学、女权主义经济学、经济物理学、生物物理经济学和现代货币理论等等。这里列出的理论是不完整的，而且大多无法在书中被进一步讨论，这是因为本书并非要针对各种流派与方法进行综述。这方面的著作包括约翰·哈维（John T. Harvey）的《经济学中的各家观点》（*Contending Perspectives in Economics*），还有《经济学的反思：多元主义经济学导论》（*Rethinking Economics: An Introduction to Pluralist Economics*），这是一本由"反思经济学"（Rethinking Economics）学生运动团体成员编辑的书。[2]

如果这本书让读者觉得那些主流外的学者仅仅是主流传统的异见者，那完全是无心的结果。这本书的重点在于主流经济学如何、为何会成为今天的样子。因为主流经济学的缺陷重大，人们可能很想简单地将其抛弃，转而构建其他替代方案。但是，如果我们不了解它占据主导地位的根本原因，也就很难摆脱它。

经济学的权威在很大程度上源于其不透明性。而我想强调的是，经济学（以及整个社会科学）的核心思想一定要透明，它不该掩埋在技术性的行话之下。这一主张有两个原因。首先，人们应该清楚其行为在学界中被下了什么论断，这一点很重要。社会理论的语言应该始终足够开放，能让观察者与被观察者围绕解释展开争论。不透明是一种掩盖权力的方式。

其次，各学科必须能够相互交流。专业化语言确实有其必要性，但它也会使人盲目——使用者见不到自己所在理论领域之外的讨论。这是一种典型的排斥。过去所有伟大的经济学家都试图用日常语言来表达自己的见解：阿尔弗雷德·马歇尔在附录之外不放图表，这点是出了名的。但如今，经济学家总是与数字对谈，很少愿意与别人交流。事实上，分工还更深入：不同圈子的经济学家不会相互交流，而主流也从来不与"非主流"对话。过度专业化的错误存在于所有社会科学之中，就算研究主题相同，各家学者也几乎从未读过其他学科的文献。但经济学家的错误更大，因为他们的语言更难理解。

我很感谢新经济思想研究所让我得以追逐对经济学课程改革的兴趣，也要感谢许多一路上鼓励我的学生。我还要感谢以下阅读本手稿早期版本的读者：詹姆斯·肯尼斯·加尔布雷斯（James Kenneth Galbraith）、罗迪安·加尔申（Rodion Garshin）、安东尼·吉登斯（Anthony Giddens）、杰弗里·霍奇森、托尼·劳森（Tony Lawson）、弗拉基米尔·马斯奇（Vladimir Masch）和爱德华·斯基德尔斯基（Edward Skidelsky）。他们对书稿的精辟评论极大地改进了本书论点及其呈现方式。需要强调的是，书中任何错误均由我本人负责。

我要特别感谢萨姆·惠尔顿-贝叶斯（Sam Wheldon-Bayes），他刚刚从经济学专业毕业。若是没有他的帮助，这本书不可能写成。整整一年，萨姆都在帮我一起写作这本书，书中许多重要的论点和例子均来自他。谈及自己在英国大学学习经济学的经历，他写道：

自2008年金融危机以来,经济学受到了内外部各种不同声音的抨击,但在公共生活中,它仍保持着特殊地位。新自由主义是我们这个时代占主导地位的公共政策范式,其实际表达的观点是:几乎所有社会问题都有经济解决方案——市场最权威。

许多经济学家可能不认为自己的影响力如此之大,反而认为政客不够重视他们。在特朗普当选(美国总统)和英国脱欧的时代,人们很容易认同这种想法,因为两次所谓"民粹主义的反击",似乎都与经济学家的自由贸易政策处方相悖。然而,二者的背后,都隐藏着一种支持商业的市场原教旨主义,其知识背书几乎完全来自经济学中的一个特定观点,与经济学标准培养方案描绘的学科形象极为相似:只要政府不插手,一切都会好。

许多专业经济学家对政府在经济中的作用有着更加微妙的看法,他们强烈反对特朗普当选总统,更强烈反对英国脱欧。这其实引出了一个重要的问题:当我们说到经济学的时候,我们实际上是在指什么?指的是学术界、政府和私营部门中那些经济学家的专业观点和研究成果吗?还是指学生在大学课程中学到的学科图景?

换句话说,我们指的是《计量经济学》(*Econometrica*)杂志,还是经济学基础课?是期刊还是教科书?很少有一门学科如经济学一般,在教学内容和研究人员的实践之间存在巨大的鸿沟。一个有能力、够勤奋的学生,学了三年经济学,高分取得学位,却可能仍然对专业经济学家的工作一无所知。可毕业之后,他们或许会迈入社会,合情合理地自称经济学家。

因此，尽管很多人说在经济危机之后的几年里，经济学已经进行了改革，但事实可能没那么令人信服。在学生们几乎接触不到的期刊上，在他们读不懂的文章里，他们对研究方法进行一些小修改，这样是不够的。经济学这一行向下一代传递的核心，即本科生的培养方案，仍旧维持着原状。学术研究的一个基本前提是，每一代人都应能够吸取前人的教训，在此基础上继续前行。可在经济学中，下一代往往必须拆除上一代给他们建构的知识壁垒，才有可能前进。

第一章

为何要谈方法论?

一个人若只做经济学家,便不可能是一个好的经济学家。

——约翰·斯图尔特·穆勒(John Stuart Mill)[1]

显然,2007—2008年全球金融危机之后,经济学家们有必要反思经济学。几乎没有经济学家预测到了这次崩溃;更糟的是,甚至没几个人设想过这样的崩溃,就像很少有人设想过算法系统会崩溃一样。经济学专业的学生问道:经济学如果无法告诉你发生了什么事,也无法提出防范事故的政策,那么学习经济学还有什么意义?这次危机,是第二次世界大战以来最严重的经济危机,从"不景气"(Lesser Depression)到"大衰退"(Great Recession),人们用各种各样的词来形容它。

这次失败,并非因为个别经济学家的无能或疏忽,而在于更深层的经济学方法论——经济学的研究方式。方法论可能枯燥乏味，但经济学家所用的方法，是理解经济学如何出错、为何出错的关键。新古典经济学发展出了一套独特的方法，用以研究经济学。不使用这套方法，就不会被当作经济学。换句话说，经济学是由新古典主义的方法界定的。基于这套方法的模型，只存在有限的可能性。经济学家的雷达屏幕上，显示不出在此范围之外可能发生的事件。那些显示金融市场有效的模型（大部分模型如此）让你看不到2008年的崩溃。危机发生之后，大量文章充当事后诸葛亮。现在我们知道，只需加入一点不确定性，就可以"内生地"（endogenously）产生"多重均衡"（multiple equilibria）。但在危机之前，模型中的"不确定性"并不存在，只存在可保风险（insurable risk）。本书的目的，就在于揭示制定公共政策时影响力最大的学科为何常常与现实脱节。

经济学家们总是看不起方法论研究。保罗·萨缪尔森（Paul Samuelson，1915—2009）说："行的人，搞科学。不行的人，喋喋不休地谈方法论。"[2] 弗兰克·哈恩（Frank Hahn，1925—2013）也说："我建议年轻人别在方法论上花费太多时间和精力。学习哲学的话，下一步该怎样呢？"[3] 换句话说，这些杰出的经济学家认为，经济学学生没必要思考自己在做什么。他们要关注的，不是如何思考，而是思考什么内容。

要是经济学是一门自然科学，那这样的建议当然很好。自然科学家不会花时间为方法论伤脑筋。他们有充分的理由相信，理解自然物质演化至今的方法，足以用来发现真相。（事实上，从笛卡儿到爱因斯坦，对方法的反思一直与物理学的发展交织在一起。不过实际上自然科学的方法论已经固定了下来。）这和大多数经济学家想法一致。经济学家的世界里充满了人类机器人（human robots），他们想要为这些机器般的生物建立行为"法则"（law）。目前还没有一套完备的法则，不过，也许要等到神经科学家完成对大脑的研究之后，他们最终总会赶上自然科学家。经济学家们极不愿承认的是，自己所研究和试图理解的对象，并不像自然现象那样遵循某种法则般的规律行事。人类是一种具有创造力的动物，这点独一无二。他们能意识到自己是谁，会反思自己的经历，会为自己设定目标，能以复杂的方式同他人与环境建立联系，会对自己的行为是否道德感到困惑，也能创造性地适应新情况。通过运用自己的思考和想象能力，他们改变了未来——他们自己的未来、世界的未来。经济学很难"搞明白"他们的游戏。经济学中最可靠的法则，充其量也只是一些趋势。

开放系统与封闭系统

史上最伟大的一位经济学家约翰·梅纳德·凯恩斯曾指出，不确定性无可避免：

> 就好像苹果掉到地上取决于苹果的动因，取决于它是否值得掉到地上，取决于地面是否想让苹果掉下来，也取决于苹果对自己离地球中心有多远的错误计算。[4]

这段话的含义十分深刻。凯恩斯说的是，人类并非被"编码"成苹果那样行事。人类是复杂系统的一部分，这些复杂系统的运动，无法用自然科学赖以建立的因果法则来解释。[5]

自然物和人类（human material）之间的区别，可以用这样的说法来表达：一个**封闭**（closed）系统可适用"如果X，那么Y"这种语句，而**开放**（open）系统则不然。

诚然，封闭系统中存在着很多变化：国际象棋里有大量可能的组合。但这些变化终归是有限的（finite），迟早能走完所有的最佳棋步。（也可能是这样，数学家们说国际象棋太过复杂，潜在的最佳棋步多得趋向无穷。）有限变化的原理适用于物理世界。你去掷一个骰子，每个结果出现的概率都会是1/6。这一"真相"并不取决于骰子如何看待当前情况。但如果你说利率下降X会导致投资增加Y，那你就是在把开放系统转换为封闭系统。只有当假设或政令定格住经济的其他方面，X的变化才会对Y产生可预测的影响。

经济学排除那些可能导致系统不稳定的"动作"，从而将开放系统转化为封闭系统。独裁者通过命令来"定格画面"（freeze the frame）；经济学家则通过"建模"来实现。他们把世界建模为一个巨大的计算机网络，其中每一个可能出现的动作，都是编好了程序的，任何画面"外"的东西，都用假定排除掉了。第4章和第5章会有更多关于定格技术的内容。不过就算是此刻，也可以断言，若有经济学家声称能够预测行为，则是夸夸其谈。苹果无法选择是否掉到地上，飓风也无法选择是否每隔几年就发生一次。它们别无选择。科学的任务是解释它们为何会这样，而不是解释它们为什么选择如此行为。经济学家们总是忍不住想，既然人类是自然的一部分，那么人类的密码，就可以像物理对象的密码一样被破解。但是，即使是抱着这种希望的人，也承认人类的复杂性，独一无二，于是事实上，所有社会系统也都几乎无限复杂。

定格画面，同时仅纳入可测量的行动，在单独分析单个市场或单个公司时效果不错。但应用到整个经济体时，就出问题了。这提醒我们，经济学植根于微观经济学（研究没有货币的情况下单一市场中的选择逻辑）。货币是一个易出差错、恍惚不定的导火索，可导致整个经济出问题，是经济学中一个单独的研究领域。在标准教科书中，货币是"复杂"因素，一般在靠后的章节中介绍它。凯恩斯主义宏观经济学在解释整个经济的失灵时，试图把这个复杂因素考虑进去。但是最近，经济学又回归了微观经济学，它假设货币能以某种不干扰经济的方式存在，由是将宏观经济学挤出主流，转而通过"放大"微观经济理论来解释经济整体的行为。然而，宏观经济的重大问题——是什么导致了繁荣或萧条、通胀或通缩、增长或停滞——用微观经济学的工具并不能很好地回答。

经济学的方法

经济学方法论的研究，是研究经济学家用以获取知识的方法，而不是研究他们自称已经获得的知识。也就是说，它主要不是在研究经济学说。如果我们所说的知识是**真实信念**（true belief），那么经济学说的出现，反而证明了产生知识的既有方法已然失败。经济学中的各种学说，产自物理学中生产"定律"的方法。经济学家提出的假说有许多是不可验证的。从这方面讲，这些假说更像是宗教信仰。这里的问题，不在于经济学是否能变得更像一门自然科学，而在于不同的方法是否能改进它对人类行为的理解。我谴责的，并非错误的推理，而是推理都建立在过分简单的前提假定之上。

如今在课堂中，模型被灌输给学生。学校越好，他们在传统模型上就钻得越透。完全竞争经济是基准模型。在完全竞争的经济里，买卖双方信息完全，价格调整着他们之间的偏好关系。学生们必须学习这些模型，而非学会质疑它们。2008年金融体系的崩溃几乎让所有经济学家都大吃一惊，因为这种崩溃存在于他们的模型"之外"。

经济学模型本应与现实世界密切相关。一旦掌握了模型，就能确切知道"正在发生何事"。但实际上这种关系并不明显。经济模型与飞机模型不同，飞机模型是真实飞机的缩小版。一架飞机模型如果很差，那很容易就能看得出来——它看起来一点也不像真的飞机。但经济模型并非真实事物的微型复制品。这些模型由逻辑演绎组成，它们的推导都从公理（不证自明的真理）出发。这样怎么能知道你的经济模型跟现实有没有任何关系呢？怎么能知道论证的前提假定是否排除了现实的某些部分，导致无法很好地理解可能发生的事情呢？答案可能是：模型是幅漫画，其中包含着真实事物的基本特征。但是，一幅漫画之所以画成这样，是因为我们有一张真实的脸或者一个真实的身体，来跟它进行对照。经济学家和自然科学家一样，总是致力于将他们的漫画"带到数据面前"，并拒绝那些与数据不符的漫画。但我要说的是，对于许多所谓的权威模型，并不存在可靠的测试。经济学无法从实证上检验自身最重要的假设，这意味着它很可能滑向意识形态。经济学伪装成科学，隐去了许多思想中的修辞色彩。

经济学家饱受"物理学嫉妒"之苦，因为他们认为自己的素材——人类，植根于自然界，只是复杂版的自然物。经济学家就像技术专家一样，相信只要有足够的数据和计算能力，自己就可以"破译"人类行为的密码。这种追求，以及激发它的嫉妒，都是不应有的。这使得经济学家愈加远离现实世界，愈加远离自己试图理解的人类行为。想要更接近现实世界，他们可以利用绘画、音乐和文学的见解，也可以在更狭窄的社会科学领域中，与心理学、社会学、政治学和历史学等其他学科进行合作。这种合作，能够拓宽经济学的认识，使其更进一步认识到人类生活中的关键之处、真实之处，同时，又不会失去其独特视角所具有的敏锐。这些学科都应该纳入经济学教育之中，因为它们在主流经济学框架之外，提出了看待世界的其他合理方式。我们需要多元主义，并非需要一个新的理论，而是需要一个更广阔的视野，由此能够产生适用于社会生活不同部分的更多新理论。历史学家埃里克·霍布斯鲍姆（Eric Hobsbawm）曾畅想过这样一个研究领域，历史学、经济学和社会学能够在其中相互交汇。再加上心理学和政治学，你就得到了本书的写作计划。

多元主义的价值，可以通过一则古印度的寓言来说明。六个盲人试图辨认一头大象，一个人抓起象鼻子，说是一条蛇；一个人认为它的侧腹是一堵墙；一个人推断它的尾巴是条绳子；一个人觉得它的耳朵是扇子；一个人猜想它的腿是树干；最后一个人估摸它的獠牙是一根矛。问题是，这些盲人谁也看不到全貌。想看到整体，他们就必须合作，基于各自的角度，分享自己的发现，综合各人见解，拼凑出大象。经济学家必须学会倾听，倾听其他学科的人，倾听自己的反对者。

当然，其他学科内部也并非都只有一个声音，说"心理学""社会学"或"历史学"视角，这样的提法过于简单化。各门学科都以各自的方式，探讨人类行为这一主题，这就是为什么我将均以单章论述每门学科。

图1 《盲人摸象图》（英一蝶，1888）

那么经济学方法论的研究涉及哪些内容呢？最明显的是哲学——思考做出真实陈述所需的条件，以及这些条件在多大程度上适用于经济学命题。经济学中几乎完全没有什么明确的论述与其认识论地位（即它作为知识的地位）有关。只有完全无视哲学，经济学才能宣称自己是一门实证（positive）科学，不受价值判断的影响。

关键问题是，要想"获得"世界的"真相"，最佳方式究竟是基于严密的假定进行逻辑推理，还是逻辑可以松散一些，但更要加关注事实。我们未能预见2008年的经济崩溃，正说明了我们愿意牺牲有用性，换来精确性。如果我们以政策为目的，那就应该问，当前经济学研究方法产生的主张，在多大程度上、在哪些领域足以指向好的政策，同时应该问，在哪些方面需要补充其他那些通过研究人类行为的方式所得到的见解。

主流经济学认为，最好把社会现象理解为个体行为的加总，这种方式被称为**方法论个人主义**（methodological individualism）。它有两个特点：在经济学家的社会地图中，个体是唯一一个被承认的行动者或行为主体（"现实中"，这里的个体包括家庭和小企业，但不包括组织和阶层）。同时，个体的选择和决定都是独立的，即是说，各人有各人的选择和决定。这两层说法，让经济学家用简单的加法就能证明总体结果"产生于个体行动者的大量自由决定"。[6]更进一步，假定平均而言个体的计划都能完成（也就是说，并不存在不确定性），那么只需将个体的计划加总起来，就可以得出一个总数。

这种方法将个体的选择等同一些平行直线，这么做存在两大缺陷。首先，仅从个体的角度进行解释，也就忽略了个体之间的关系，进而忽略了社会结构，而社会结构是选择的背景。个体是选择"网络"的一部分。因此，无论什么样的总结果，都是个体选择与社会结构之和。其次，第二个缺陷可以用"合成谬误"（the fallacy of composition）一词来总结。即使个体选择都是个体独立做出的，它们之间也会相互影响。我们每个人都会决定把多少收入存起来。但是，我的储蓄增加1美元，并不会使总储蓄也增加1美元，因为你的收入随之减少了1美元。因此，如果其他人储蓄的比例都跟以前一样，总储蓄会不升反降。用词曲作家莱纳德·科恩（Leonard Cohen）的话来说，"可以把各个部分加起来，但得不到总数"。（进一步讨论请参见第7章。）

对于主流经济学家来说，仅将个体作为选择单位是不够的。选择这些单位还需要"理性"的作用：他们有一以贯之的计划；他们朝着这些目标行动，计算达成目标的最高效方法。主流经济学只向我们展示了一种类型的人——经济人（Economic Man 或 *homo economicus*）。经济人是人形计算机器，不断计算如何以最少的成本获得最多的收益（"最大值"）。这个计算以价格为基础，每个人每件事都有其价格。

这两条方法论规则（聚焦个人，同时将其描述为简单而纯粹的计算机器）是两条线索，指向主流经济学的问题所在。经济学家将社会结构简化为经济交易，并将人类行为的一个方面——成本计算（"做X不做Y，要花多少钱？"）当作所有人类行为的普遍法则。当你指出爱、奉献、怜悯、勇气、荣誉、忠诚、雄心、公共服务等也可以是行为动机时，经济学家就会陷入困窘，因为在任何合理的解释下，主观计算收益和结果并不能产生这些动机。这类行为背后的控制程序可能"超越了价格"，因为一旦与之相违，人们会感到羞耻。经济学家只好说，这些动机看似是非理性的，但在信息有限的情况下却可能是理性的。他们迫于自身推理的需要，把自己对人类行为的解释拧压成了荒谬狭隘的模样。

这就引出了一个极为重要的问题，这个问题会贯穿本书。不讨喜的生物——经济人，究竟是对人类的现实描述，还是一种理想类型，抑或仅仅是出于演绎理论的需要？我自己的观点是，从一开始，"物理学嫉妒"就使得经济学家将人类社会视为一台可能完美的机器。于是他们对人类行为进行建模，使人类行为符合这种认识。经济学在20世纪走向形式化，"理想"建模的要求便开始主导理论。理论需要用孤立的（确定性的）原子来表达，以便建模。因此，在条件X下，结果不再能是一系列结果中的任意一种。为了达到这一点，可以先说任何条件X之下，总有唯一一个最优的Y，然后说人类（出于"理性"）会不断寻找这个最优点。然而，在经济学的早期阶段，一切都不那么清晰，经济学家对人性的刻画，究竟是描述性的还是规定性的，至今仍困扰着这门学科。

经济学中的心理学太过粗糙，它塑造的个体形象与任何严肃的心理学研究都脱节了。经济学家们直到最近还认定，心理学成果对自己而言毫无用处。莱昂内尔·罗宾斯写道，"经济学基本不依赖于时兴的心理分析，就像不依赖于乘法表一样"，他把经济学的主要对手行为主义心理学，称为"这个怪里怪气的邪教"。[7]

很多人将金融危机归因于"非理性繁荣"（irrational exuberance），在这场危机之后，经济学家开始调整自己的观点：行为经济学成为新时尚。正如罗闻全（Andrew Lo）所说：

> 这场危机加剧了专业经济学家之间的分歧。分歧的一方是自由市场经济学家，他们认为我们都是经济理性的成年人，受供求法则的支配。另一方是行为经济学家，他们认为我们都是非理性动物，就像许多其他哺乳动物，受恐惧和贪婪的驱使。[8]

行为经济学的错误在于，它将所有不符合新古典理性规范的行为称为非理性行为。然后，它试图将这些行为形式化，使之在具体情况下变成理性行为。例如，在面对不完全信息时，它认为"从众"是理性的。行为经济学对现实如此妥协，不仅没有带来进步，反而产生了自相矛盾的混乱。

将经济视为个体选择的总和,导致经济学出现了一个最大的缺陷——无法理解社会世界的本质。经济学家总认为理性个体孤立地做出选择。因此,他们很少关注"知识社会学"——在架构个体行为所依据的知识时,社会起到了什么作用。他们惯于将社会关系视为个体选择研究中烦人的复杂因素,而不将其当作选择过程的基本组成部分。要将互动行为纳入最大化框架,只能将其建模为一个策略式博弈,例如在囚徒困境中,参与者会计算说谎或合作的回报价值。

对于经济学家忽视社会学这件事,社会学自身也应负部分责任。将社会学作为社会的科学的需求可能已经减弱,但社会学的供给同样存在问题。在经济学家所描绘的世界形象中,市场"看不见的手"会保证社会稳定。尽管这一点与社会学的观点大相径庭,但当代社会学家基本上还是把经济留给了经济学家去研究。沃尔夫冈·斯特雷克(Wolfgang Streeck)写道,社会学必须重拾政治经济学。[9]

在个体和社会之间做出选择并不简单。方法论个人主义有一个强有力的辩护理由:它不将个人简单地视为群体的成员,不会剥夺其能动性。它的缺点是忽略了选择的结构(the architecture of choice)。我们所处的社会地位、在社会权力结构中的地位、对什么行为好什么行为坏的判断("道德")以及我们的知识状态,都会影响我们的选择,而这些选择反过来,又有助于重构社会世界。

在主流经济学中,个体行为一般会通过竞争市场中的自愿交换发生。根据定义,竞争市场中的所有交易者都没有权力。这意味着,主流经济学模型看不到权力在塑造经济关系中所起的作用，数字的神秘力量取代了精英的实际力量。工人与老板之间的权力失衡、金钱对政治的影响、大企业在塑造信念和市场行为方面的作用——所有这些，都在"模型之外"。经济学家假定我们是理性的行为主体，决不允许自己受到广告的哄骗。政治学，一门处理权力关系的科学，应该成为经济学家培养计划的一部分，因为权力结构决定了选择的结构。卡尔·马克思（Karl Marx）最为了解这一点，但标准课程之中并不包括他的著作。

历史学是另一个强大的工具，能帮助经济学学生理解经济生活的本质。所有学科都有自己的历史——人们过去如何研究它们，它们今天的模样又是怎么来的。经济学家跟自然科学家一样，总爱说自己今天所做的科学（最新教科书中的经济学）比一百年前甚至十年前的要好。他们说，时间已经洗净了经济学的错误。

然而，学生们会发现，经济理论并不真的像一条巨大的绦虫向更好的知识蠕动而去，反而充斥着无穷无尽的争论。在它的历史中，没有哪个学派取得了不容挑战的统治地位。古典和新古典经济学可能被视为发展的主线，但是也有很多别的学派存在，包括德国历史学派、马克思主义、制度经济学、凯恩斯主义经济学、行为经济学、生态经济学等等。这种多元化是社会科学的典型特征，而这在自然科学中十分罕见。这也表明要证伪经济学理论极其困难。经过了几个世纪的争论，货币理论仍未达成一致。研究经济学史，就是要与卡尔·马克思和约翰·梅纳德·凯恩斯这些经济学领域内最伟大的不同声音进行对话。不管学生们对当前经济学的研究方式有什么疑问,他们总会发现有人跟自己想的一样。

主流经济学受到的猛烈攻击十分引人注目,可其方法论却基本上没有发生什么变化,这一点同样引人注目。这是因为经济学一直渴望成为一门硬科学。因此需要一种公认的"专业"的研究方式,经济学牢牢抓住了这种方法。

托马斯·库恩(Thomas Kuhn,1922—1996)和伊姆雷·拉卡托斯(Imre Lakatos,1922—1974)这两位著名的科学哲学家帮我们解释了方法论持久不变的原因。他们表明,所有成型的科学都有其牢不可破的方法论防御体系,用以保护自身免受攻击。(进一步讨论请见第10章。)这个防御体系中有一股巨大力量,能够吸收对立思想。经济学吸收异端学说,并将其尽可能转化为数学。这些防御体系有时会完全崩溃,不过,与其说是诸多相反事实将其压塌,不如说是因为世界观发生了改变。经济学有过两次"范式转变"(paradigm shifts)的尝试,一次是19世纪70年代的边际革命,一次是20世纪30年代的凯恩斯主义革命。其中,边际革命在**方法论上**经受住了时间的考验;正是这一方法论的持久性,使得凯恩斯主义在新古典主义基础上建立另一种学说的尝试注定走向失败。

历史研究是有价值的,它表明经济学说远不是所谓的普遍真理,这些学说要与特定的历史条件和事件联系起来。时间条件和空间条件,不仅解释了经济学说为何会出现在某时某地,还解释了为什么有些学说能历经大浪淘沙存活下来,而另一些却被淹没在历史的浪潮之中。有影响力的社会理论满足了自身思想体系之外的"需求"。资本主义盛宴的后来者想要"追赶"英国等成功先例，而19世纪德国历史学派的贸易保护主义理论回应了这一愿望；马克思主义试图解释工业革命初期工厂工人的悲惨处境；凯恩斯主义革命从理论上解释了两次世界大战之间持久的失业现象；20世纪发展经济学提出了自由贸易会让穷国永远贫穷的观点。今天，我们有行为经济学、女权主义经济学等等各种经济学分支。所有这些分支的出现，都有一部分是出于政治原因。对于学生来说，了解自己所处的时空交汇点，了解所在社会的权力关系，这些都非常重要，而且还要知道，经济学说"仅仅"是对当时的历史条件和权力结构的反映。如果说经济学没有赋予历史作为证据应有的地位，那么历史学家也要负一定的责任，因为他们只关注自己的领域，除了尼尔·弗格森（Niall Ferguson）和哈罗德·詹姆斯（Harold James）这些明显的少数派，其余历史学家根本没有参与到经济理论的讨论中，他们把这个领域留给了计量经济学家。

经济学不是一门自然科学，所以对于一个经济问题，回答"对"与"错"，既有实证的一面，也有伦理的一面。经济学是对人的研究，而人是会做出道德判断的，不能简单地将其等同于逻辑和算术好与不好的问题。经济学家会说，道德问题不在自己的责任范围之内，而是"政治学的事"，但这只是因为他们在定义自己的学科时，故意将道德问题排除在外。然而，经济学家的价值观决定了他们关注什么内容，使用什么模型，喜欢什么政策。伦理学能够用来批判方法。

除了哲学之外（哲学的工作是厘清其他人的错误），所有学科都有自己的偏见。心理学家会认为人类行为是非理性的，社会学家则会认为人类是群体生物，历史学家只看到权力关系，而政治学学生根据传统亦步亦趋。经济学能有效纠正这些偏见，但也有很多东西要向这些学科学习。一项著名研究表明，通才能比专才更好地判断未来经济的可能性。[10]好奇心可能会害死猫，但也能带来更好的预测。

约翰·梅纳德·凯恩斯就领会了这一点，他写道：

> 经济学大师必须同时拥有几个方面的天赋，这很难得……他某种程度上必须既是数学家，又是历史学家；既是政治家，又是哲学家。既要能理解符号，又要懂语言表达。要能透过一般去看待特殊，也能思考抽象而不失具体。他研究当下，必须能以史为鉴，同时指向未来。人类的诸多天性及制度，没有一样是他完全不顾的。[11]

这无疑是一个理想化的形象，但值得让经济学的学生们知道。

第二章

基础：欲望与手段

> 我永不满足。
>
> ——纳京高

哲学讨论目的（ends）与手段（means），而经济学谈论的是欲望（wants）和手段。二者之间的区别非常重要。对哲学家而言，目的关乎何事有益；但对经济学家来说，"目的"仅为所欲之事。人们想要的，似乎主要是钱，或至少是能用钱买到的东西。经济学将目的简化为欲望，由是将自身与伦理学分割开来（伦理学要研究什么东西有益），同时也与现实的一个重要方面割裂开来——人类一直在努力做出合乎道德的选择。我们后面会看到，这么做也使得稀缺性问题无解。

现如今经济学在道德问题上宛若色盲，但过去并非总是如此。历史上，经济学有两个主要的定义：第一个说它研究财富；第二个说它研究选择。第一个定义可以追溯到亚当·斯密（1723—1790），他把自己1776年的那本著作称为《国民财富的性质和原因的研究》(*An Inquiry into the Nature and Cause of the Wealth of Nations*)。斯密在讨论财富的性质时，反驳了财富就是金钱（黄金和白银）的"错误观点"。他将财富定义为"一国土地和劳动的年产物"。¹生产和交换衣服、食物、住房、用具等"有用"之物时，财富便产生了。财富是获得安逸生活的手段。

阿尔弗雷德·马歇尔（1842—1924）写作《经济学原理》(*Principles of Economics*)时，经济增长已持续了百年。他在其中写道，经济学这门科学研究的是"幸福所需物质条件"(material requisites of well-being)，由此他为经济学打开了更广阔的视野。他说得十分直截了当，金钱是达到目的的手段。²但他没有给"幸福"下定义；什么是所需条件，他也说得模糊不清。幸福很容易被解释为"感觉良好"(feeling well)，而"感觉良好"又很容易滑向"觉得快乐"(feeling happy)——哲学用语的意义不该这么步步坍缩。要想达到幸福或者感觉良好，需要多少"物质条件"？传统意义上，所需条件与该物种的物质支持或"给养"有关。人们需要钱来购买食物和"舒适条件"。但互联网没有什么物质性，它也是给养的一部分吗？若以国民生产总值（GNP）来衡量"足够与否"，这样的问题最终避无可避。

不过，财富的旧定义有三个优点。第一，它将行为动机单独拿出来研究，而行为动机就算不能说永远最重要，其重要性也是极大的。

第二，它能衡量活动的投入产出之数，进而发展为一门因果科学。第三个好处在于道德方面，有这么一种想法，认为追求财富比其他形式的奋斗更温和。与追求权力不同，对财富的追求天然带有合作性，因此可以将其视之为一种和平的社会竞争形式。这些优势结合起来，就能在很大程度上解释，为何政策考量中，经济学的地位最终会高于其他社会科学——因为经济学分析能比其他学科做得更准确，而且经济学更加乐观。

过去人们一直认为经济学是在研究财富和贫困的原因，直到1932年，这个想法才被莱昂内尔·罗宾斯的新观点取代。在《经济科学的性质和意义》(*The Nature and Significance of Economic Science*)一书中，罗宾斯将经济学定义为这样一种科学："它将人类行为作为一种目的与具有多种用途的稀缺手段之间的关系来研究"，研究的是"稀缺影响之下[行为的]形式"。[3] 罗宾斯指出，商品的"经济性"并非在于其物质性，而在于其稀缺性。由此，稀缺性成为经济学唯一的中心话题。每一个决定，只要涉及手段的选择，都带有经济性。人们的目的多种多样，但"生命短暂，自然吝啬"。[4] 产出最大化本质上是要节约投入。按理来说，相比非物质商品，人们不会更喜欢物质商品，也不应该更喜欢物质商品；经济学的任务，是指出人们获取想要的东西时，高效方式和低效方式之间的区别。即是说，经济学对目的不感兴趣，但对于手段，则无法漠不关心。

罗宾斯的定义使"政治经济学"最终转向了"经济学"——经济学由更广泛的社会研究的一部分，转变为一个独立的技术性学科。与此同时，在人们的想法中，经济也从"嵌入"社会制度之中，变成了一个由工于计算的个体组成的、能够自我调控的市场。罗宾斯将经济学当作一门理性选择的一般科学，使之适用于人类奋斗的所有目标，他告诉世人，经济学是"社会科学领袖"，能以数学语言穿透人类行为中迄今尚未被理论化的黑暗角落。这一说法使得经济学思想更加清晰，但也付出了两重代价。第一重代价在于假设所有选择都"可公度"（commensurable），也就是说，都可以用一个共同的尺度来衡量。这一尺度就是金钱。没有"艰难的选择"，只有权衡取舍（trade-off）。第二重代价是消解了历史。罗宾斯的方法，只关注在某个时间点**给定**资源的有效分配，而忽略了古典经济学家最关心的问题，即如何解释资源长时间的**增长**和**停滞**。20世纪60年代以来，罗宾斯的定义已被公认为经济学的惯用定义。经济学研究的是选择的逻辑。因为存在稀缺性，所以这种逻辑是个体的基本逻辑。

罗宾斯说所有选择都带有经济性，他的意思当然不是说经济性是唯一特性。人类生活的许多方面都处在经济计算的范畴之外。不过，罗宾斯的理性概念中，存在着一种"货币意识"偏见。在这个概念中，货币是判断行动效率的唯一标准，这也就几乎默认只有可度量的选择才能是理性的。罗宾斯的效率标准，为法律和婚姻等非市场制度的经济分析开辟了道路。诺贝尔奖多次授予了这一思想的后续发展成果。芝加哥学派经济学家加里·贝克尔（Gary Becker，1930—2014）就因分析婚姻、犯罪和惩罚经济学而获此殊荣。将理性选择等同于以货币衡量的效率，犯了典型的以部分代整体之谬误（pars pro toto error）——这是在以人类行为的具体方面来代表人类总体行为。

经济学早期与晚期定义之间的差别其实可能没有那么大。在经济增长的经典讨论中，罗宾斯的稀缺性观点就已经隐约存在了。财富不像熟透的果实会从树上掉落；人们想获得财富，就必须为之努力。古典经济学被称为"沉闷的科学"，并未冤枉了它。这是基于其两个最著名的"定律"：马尔萨斯定律，说的是人口将不可避免地超过粮食供应水平；以及李嘉图的收益递减定律。两者都忽视了技术创新的累积影响。古典经济学还论及时间的使用效率：别把今天的努力成果全部兑现，要将享受分散在一生之中。马歇尔称之为"等待"，今天的经济学家称之为"储蓄"。

可以说，经济学家们在人生这场盛宴中的角色，就像聚会里那些扫兴的人一样。他们不断提醒人们需要计算、效率，要努力工作、延迟满足。就算已经得到了充足的"支持"资源，也要给自己的时间标个价。时间的稀缺性永远无法克服，所以不再需要效率的那一天永远不会到来。经济学推理虽然讨厌，但对于政客们来说却是一剂有效的解药，他们知道自己当下的承诺未来根本不会兑现。

经济学家一般认为，协调生产和消费决策的最有效机制是市场"看不见的手"。时至今日，这一观点仍然是经济学对经济最重要的贡献。经济选择很难，但经济生活未必是一场**零和**（赢家通吃的）博弈，因为经济学假定，除非对双方都有好处，否则自愿交易不会发生。

欲望

罗宾斯对经济学的定义聚焦于欲望与手段之间的矛盾。欲望可能超越既有手段；或者说，手段可能无法满足既有欲望。这二者都是稀缺性的潜在来源。正确的应对方法是"节俭"。

"欲望"一词早期与"需要"（needs）联系在一起，表达一个人"想要"（wanting）或"缺乏"谋生手段。但是"想要某物"这一想法如今早已摆脱了"需要某物"的客观基础，它获得了纯粹的心理意义，表示一个人渴望自己未尝得到之物。罗宾斯之后，当代经济学将这种意义上的欲望视为"既定之物"——即是说，无需对其做进一步解释。罗宾斯并没有说欲望无餍足（insatiable），只是说欲望总是超出人的预算。不过，欲望无餍足确实是一个很强烈的观点。例如，麦康奈尔、布鲁和弗林（McConnell, Brue and Flynn）在他们的标准教科书《经济学》（*Economics*）中写道："无论如何，大多数人都有近乎无限的欲望。"[5] 罗宾斯甚至设想过"可能存在某种生物，其'目的'如此有限，以至于所有商品对它们而言都是'免费'商品"。[6] 美国人类学家马歇尔·萨林斯（Marshall Sahlins，1930— ）认为，对于最早的狩猎采集社会来说，幸福条件如下：在他所谓的"原始"富裕社会中，人们能够以极低的努力和时间成本获得想要的东西。[7]但我们自己的经历——至少在我们被逐出天堂之后——恰恰相反。我们想要（或受到诱惑而想要）的东西，多于我们需要的东西，或者说多于我们较为容易就能得到的东西。我们经受着一种神赐的躁动，总是想方设法改善自己的条件。经济学把这种追求进步的努力视为事实，它假定人性就是永不满足。

但这还不足以达到**理性**。理性所说的无关我们想要什么，而是关于我们如何设法获取所欲。理性最主要的要求是：无论目标是什么，一个人总应始终如一朝着自己的目标行动。你需要判断什么能让你更满足，据此对自己的各项选择进行排序。如果你喜欢A多于喜欢B，喜欢B多于喜欢C，那么喜欢C多于喜欢A就是不理性的。不一致的偏好被视为妄想、神经症和疯狂的迹象。微观经济学的大部分内容都基于一致偏好的假定，例如不同商品间的可替代性、两种商品需求的关系、商品的均衡分布、交换的均衡、价格的形成等等。

经济学家认为，对于稀缺资源的强烈欲望**迫使**人们"节俭"。这个逻辑确实合理。但我们仍然需要问，经济学家是相信人们确实如此，还是认为人们应该如此，抑或是这种行为假设是建立"严密"预测模型的唯一途径。这是个极好的问题，学生可以问问自己的老师。因为数学模型的存在，我们怀疑最后那个原因可能最重要。因为正如罗宾斯所说,就算人们的行为不一致,手段—目的问题仍会存在;只不过我们无法再得到一个确定的结果。[8]

早期的经济学家将需要和欲望区分开来。他们通常认为,我们首先要满足生理上未满足的"需要"。接着,沿着欲望的阶梯向上走,想象力带来的需要会逐渐占据主导地位。但经济学家很少好好思考"欲望"的社会根源,也很少思考需求转向欲望会带来什么经济影响。

亚当·斯密认为,"每个人对食物的欲望都受到人类胃容量的限制;但对建筑、服装、设备和家具等设施和装饰的渴求,却似乎不存在限制与界限"。[9]奥地利派经济学家卡尔·门格尔(Carl Menger,1840—1921)认识到,从欲望满足的角度来看,人的各种需要并非同等重要,"其从赖以维持生命,逐渐降低到满足眼前快乐"。[10]

为了阐明自己的分析,门格尔给每个强度都赋了一个值,从10(最高)到0(不需要),如下表所示。如果对食物的需要为10,对烟草的需要为6,则消费者在充分满足食物需要之前,不会去购买烟草。满意度每次增加,都会伴随着边际效用的递减。可以说,接力棒传给了下一个不那么迫切的需要。也就是说,推动财富增长的是心理需求,而非生理需求。门格尔的表格说明了不同强度的需要最终如何达到均衡。一个人首先消费商品I(比方说食物),直到商品I的需要降为9,紧接着这个人就会开始同时消费商品I和II(比方说住所),直到这二者的需求降为8,依此类推。[11]

斯密和门格尔的思想中都隐含着欲望的等级观念,从首要的物质

I	II	III	IV	I	VI	VII	VIII	IX
10	9	8	7	6	5	4	3	2
9	8	7	6	5	4	3	2	1
8	7	6	5	4	3	2	1	0
7	6	5	4	3	2	1	0	
6	5	4	3	2	1	0		
5	4	3	2	1	0			
4	3	2	1	0				
3	2	1	0					
2	1	0						
1	0							
0								

表1 门格尔的欲望层次

欲望开始一直往上。对大多数人来说，在历史上的大部分时间里，绝对欲望，即"口腹之欲"，实际上是他们最重要的欲望。因此可以理解，经济学家对于相对欲望（那些因其他人的存在而产生的欲望）关注得要少得多。

美国经济学家索尔斯坦·凡勃伦（Thorstein Veblen，1857—1929）最先认真关注了相对需求在消费模式中的首要地位。大多数经济学家认为，无法满足的欲望根植于人性，但它实际上是由社会建构的。这一点没人比凡勃伦看得更清楚。凡勃伦创造了一些如今家喻户晓的词语，如"身份象征"（status symbols）和"炫耀性消费"（conspicuous consumption）。我们之所以渴求某种商品或服务，并不是因为想要从使用中获取价值，而是因为拥有它，我们就能向那些没有的人展示自己的优越性。[12]

凡勃伦的著作是在探究19世纪美国的爆炸式消费文化，其背景是一个新富阶级——"强盗贵族"（robber barons）的崛起。这些人从铁路、钢铁和石油产业获得利润，建造艳俗的宫殿，过着纸醉金迷的生活。奢侈的炫耀是这个新阶级的标志，他们利用自己的财富和权力，震慑对手和下层阶级。

想想优质勃艮第葡萄酒的拍卖。成交价可能是5万美元甚至10万美元一瓶。赢家喜欢勃艮第葡萄酒吗？不一定。他们能分辨出2万美元一杯和5美元一杯的葡萄酒的区别吗？不一定。赢家只是借此告诉其他竞拍者，自己的钱袋子比他们的深。这一购买行为是一种炫耀性消费。

凡勃伦的讽刺之笔也能用来描绘其他所有社会文化制度。在性别问题上，他写道，"服装能够用于证明穿衣者不从事生产性工作，比起男性服饰，女性服饰把这方面的作用发挥得更加淋漓尽致"，这进一步又有助于表明该女性丈夫的地位。长裙的价值尤其高，这是因为"它价格昂贵，而且穿着它连转个身都很难，根本无法进行任何实用活动"。

凡勃伦主张，"大家都希望自己的财产比邻居多，这种心理与私有财产制度密不可分"。正是资本主义将竞争的情结完全聚焦在物质商品上。这样它就能自我复制，因为人们的需求会越来越多，但这也会使得人们无法完全取得成功，因为整个系统的驱动力，正来源于对眼前情况的不满足。凡勃伦认为这种"竞争情结"纯属浪费，因为它会招致无谓的支出。在物质欲望和舒适条件得到满足后，仍随时准备榨干剩余的所有收入。事实上，"总体水平的改善并不能平息人们内心的躁动，因为躁动的根源是每个人都希望自己能比得过邻居。"

凡勃伦提醒我们，广告会塑造欲望。对于主流经济学家来说，广告主要是个信息系统，能告诉消费者新旧产品的情况。对于凡勃伦及其追随者来说，广告的作用则是激起永远无法满足的欲望。[13]

受凡勃伦工作的启发，经济学家弗雷德·赫希（Fred Hirsch，1931—1978）提出了"位置商品"（positional goods）的概念，其主要功能是标示所有者的社会或政治地位。一个地位，只要不是人人都能取得，那它就是一个好地位。一旦人人都有，就失去了价值。像古典大师画作这样的商品天然是稀缺的；其他的，诸如风景优美的住宅、顶级大学的学位，也都可以通过限制进入来人为保持稀缺。权力就是一种典型的位置商品，这种商品的争夺必然是一场零和游戏——不可能所有人都同时拥有权力。[14]

经济学家有个愿望十分值得赞扬，那就是确保人们有足够的给养，能过上美好的生活。而我们离实现这一愿望还有相当长的路要走。相对欲望将无餍足植入了人类的奋斗之中，同时也确保穷人永远不会消失。总有一些人比起别人来说是穷人。除了消费得越来越多，我们没有别的"目的"。

手　段

我们又该怎么看罗宾斯定义的另一面,"稀缺意味着有其他用途"呢？诚然,我们无法轻松想象出行动无成本的一般情形。但稀缺性真的有经济学说的那样普遍、那样严重吗？

首先,我们应该注意到,罗宾斯将时间包括在稀缺手段之中,从而合上了稀缺性问题的逻辑闭环。生命根本不够长,没法实现一个人的所有欲望。他说,正是在这一更深层的意义上,"你们的经济学家是一个悲剧作家"。我们告诉学生,每项活动都有"机会成本"（opportunity cost）,它不仅指某个时点的金钱成本,也指时间本身的成本:"时间就是金钱"。如果某人工作1小时能赚10美元,但这1小时他只想闲着,那他实际上就是"花"了10美元。常识表明,你的金钱预算（财富）越大,你就有越多的时间去追逐其他兴趣,比如去听音乐会。因此,随着财富的增长,稀缺的心理压力可能会减轻。但事实却并不一定如此,现在你面临着各种音乐之间的选择,没办法同时都听。今天,信息过载（information overload）保持住了时间的稀缺性。

我们经常被各种选择轰炸，比起过去常做的那些选择，现在这些能带来更大的满足感。因此，富余终究只是一场梦，除非死亡可以无限期推迟，否则我们总将陷入时间稀缺的困境。

其次，继罗宾斯之后，主流经济学家将手段与欲望一样视为**事实**。罗宾斯写道："我们假定了财产的初始分配情况。"[15]经济学家将手段当作既定条件，于是不再研究能满足欲望的资源是如何分配的。但是，资源稀缺的问题不仅源于自然的"吝啬"，这一点当然会影响到每个人，更是因为某些人收入微薄。如果收入高度不平等，那么"稀缺"手段会先受到富人欲望的支配。当今世界的贫困，并非源于稀缺，而是出于不平等。现在的粮食足以养活比当下更多的人口。经济学若优先考虑减轻贫困与疾病，那它不仅会关注生产与交换的效率，更会关注分配的效率。

人为造成的稀缺（即并非自然原因造成的稀缺，而是特定社会和政治结构以及政策造成的稀缺）例子不胜枚举。战争和备战就是不断造成稀缺的突出例子。购买一艘新的航空母舰，所耗经济成本能用来建造一所新医院或新学校。用于军费开支的财富越多，用于满足平民需求的财富就越少。国家对土地和资本的所有权，及其根据自身目的分配劳动力的能力，使它能够强加稀缺性。诺贝尔奖获得者阿马蒂亚·森（Amartya Sen，1933—）指出，贫穷国家的饥荒既是源于自然短缺，同时也是政治决定的粮食分配带来的苦果。[16]疟疾和麻风病等可能根除的疾病未能根除，不是因为自然吝啬，而是因为一些统治者更愿意花钱购买武器,更愿意让自己和家人富裕起来。

经济学家可能会指出,之所以会有这种人为的稀缺性,是因为政治糟糕,而不是经济学糟糕,他们也确实一直在批评政府"寻租"(rent-seeking)。然而,经济学家相对无视了大型私人公司攫取经济租的能力。如今,最大的租金攫取者是控制生产融资手段的大型银行所组成的卡特尔(cartel)。主流经济学家"证明"完全竞争市场中消费者独立决策,所有生产要素都得到应有报酬,如此,主流方法就减弱了对市场实际分配的批评。这种证明方法最大程度掩饰了不受监管的市场分配必然偏向权豪势要。主流经济学坚持稀缺性源于自然而非制度,从而减弱了监管市场和重新分配收入的努力。

人们常说,效率和公平之间存在着"权衡取舍"。经济学家能够告诉你什么是有效率的收入分配;但要确保分配公正,则要取决于政治。"左"倾的新古典主义经济学家过去一直忙于制定"最优的"收入分配方案,希望同时满足效率和公平的要求。但近来,对生产效率的宣传力度太过强大,以至于人们对道德效率的热情已然冷淡下来。于是,增长的不平等导致人们对所谓的"有效"市场结果越来越失望。(进一步讨论请参见第13章)

最后,主流经济学家认为经济具有充分就业的自发趋势,这种想法导致他们看不到崩溃和复苏乏力这些一直存在的可能性。自2008年以来,欧洲大部分地区的严重失业、低速增长和工资减低就是不良经济政策造成稀缺性的例子。

&

现在我们能批评罗宾斯定义所设定经济问题的方式了。我们可以从需求和供给两个角度来考虑这件事。就需求而言，有三点可以提出。

首先一点，也是最明显的一点，罗宾斯的观点把道德除了名。他让效率成为上帝，因此也就无从询问追求效率的目的。罗宾斯写道："为何人类这种动物针对特定问题有特定的价值判断……这个问题我们不去讨论。"[17]主流经济学将目的、需要和欲望统统归入"偏好"这一个大类，且视之为"既定之物"（无需进一步探究），无需再问欲望的价值，无需再问所想之物是否值得。

"幸福"需要多少"财富"？坚持以旧观点看待这门学科的经济学家从不回避这个问题。约翰·斯图尔特·穆勒（1806—1873）认为，一旦克服贫困，人们就不会再那么需要效率了。经济学家马歇尔曾在1890年提出过一个确切数字，他认为一个家庭的年收入有150美元（大约等同于现在的1万美元），就能"拥有……完满生活所需的物质条件"。[18]如今全球人均收入为17 300美元。如果我们接受马歇尔的标准，那就不需要进一步的经济增长了，只需进行再分配即可。但我们已经看到，"物质性"（materiality）的概念，如今不以食品供给为依归，已然不再清晰。在一个"相对欲望"的世界中，财富永远都不会足够。

其次，主流经济学将偏好当作既定之物，因此无法探究那些用来招人兴趣的说服手段。主流经济学将消费者独立决策视为理所当然，它只关心人们追逐所求之物的行为背后有什么样的逻辑，会带来什么样的后果，而对欲望的历史学和社会学不感兴趣。然而，尽管占有的心理倾向一直存在，但只有在资本主义之下，它才成为了经济生活的驱动力。在前现代世界中，财富被简单地视为获得美好生活的手段；道德家谴责敛财之事，风俗限制敛财之度。可是，"科学"经济学把对金钱的渴望视为人们主要的心理驱动力，认为它根植于人类本性，同时强调了它在敛财聚富上的作用。为了适应商业的扩张，伦理被重塑：贪婪成了一种力量，能招致邪恶，但也可行善。

大规模消费（mass consumption）就是无餍足的现代形式，它伴随着20世纪初美国的大规模生产，在那个时间、那个地点登上了历史舞台。此前，**大规模**消费的可能性并不存在。如今，它被经济学家、广告商和政客们当作幸福的民主形式加以推广。用安迪·沃霍尔（Andy Warhol）的话来说："……总统喝可乐，丽兹·泰勒（Liz Taylor）喝可乐，想想看，你也可以喝可乐。可乐就是可乐，再多的钱也买不到更好的可乐。"

但是，给每个人一罐可乐就够了吗？如果视无餍足为既定之事，那么稀缺当然永无止境，因为欲望之梯显然没有最高一级。这意味着经济问题将永远伴随我们左右，极乐永远不会到来。然而，意识到欲望是由文化塑造的，我们便能够开始思考欲望如何产生（尤其是滋生自无尽的市场营销），也能开始思考如何限制欲望以削弱稀缺性的约束。但是，讨论文化使得经济学家像戈林[1]（Goering）一样想要伸手去拿手枪。

最后，主流经济学无法区分需要和欲望，这使它忽视了需求波动的问题。在罗宾斯看来，经济总是受限于供给，而非受限于需求。正如萨伊（J. B. Say，1767—1832）所说，"供给创造自己的需求"，也就是说，人们不会生产自己不需要的东西。如果只考虑胃的需要，这句话当然是有道理的：鱼子酱永远不够分。但如今，经济活动的大部分出于欲望，而非需要。如此，经济的稳定就取决于人们的想法，而不是人们的胃。旧的机械心理关注于需要，新古典经济学对此全盘接受，未曾意识到人们已从需要转向欲望，这样的转变破坏了行为的稳定性。

另外，在供给方面，我们从未能真正不再担忧手段是否充足，这有其原因。经济学容许无限欲望，因此随着消费对地球自然资源产生压力，马尔萨斯问题再度回归。低熵的能源与材料在使用中遭到浪费，接着变成高熵的废物。我们的工业和农业系统向大气中释放大量二氧化碳和甲烷等气体，导致全球气候不稳定的同时，也破坏了大自然的吸收和恢复能力。直白点说，人太多了，人们想要的东西太多了。尼古拉斯·乔治斯库-勒根（Nicholas Georgescu-Roegen，1906—

---

[1] 赫尔曼·威廉·戈林，纳粹战犯，希特勒的指定接班人。他曾说："每次听到'文化'这个词，我就会伸手拿我的手枪。"（"Whenever I hear the word 'culture', I reach for my revolve."，原文为德文，据称在译入英文时有不当之处。）作者化用此句，表明经济学家对"文化"持负面态度。——译者注（如无特殊说明，本书注释均为译者注）

1994）指出，如果人口继续增长，同时保持现在这种消费速度，那么人类注定要灭绝。经济学研究投入最小化。但它对产出没有限制，光靠效率的要求，并不能保证自然资源足以填满欲壑。

新古典主义经济学家会说，价格体系能防范这种结果于未然。稀缺只是相对的。价格变动将使需求转向，从生产成本相对较高的商品转到相对较低的商品。但这假定了两件事：投入品（例如风能或太阳能）能一直满足当前生产和消费规模的需要；自由畅通的市场体系能够在灾难降临之前产生出"正确"的价格。一般人如果没有认真学过新古典主义方法，不太可能会相信这两个命题。

总结一下：稀缺并不像后罗宾斯经济学所描述的那样，它并非一种"自然"的长期状况。很大一部分稀缺是人为的，不仅因为持续不断的刺激需求的需要，也因为人为限制了供给。资本主义利用广告创造自身所要的需求；同时，在世界上许多地方，政治控制分配，人为导致了供给短缺。主流经济学没有质疑需求的来源，也没有质疑供给的政治障碍，由此削去了当今经济问题中最为紧迫的那些部分。

我们不能妄称主流经济学的错误方法是导致全球变暖的罪魁祸首，但经济学未能区分需要与欲望，又将欲望视为"既定之物"，因而极大地强化了道德盲目性，而这种道德盲目性，便会招致灭绝人类的威胁。在气候变化面前，无餍足不是理性，而是疯狂。

第三章

经济增长

若经济学理论也能参加选美大赛,那比较优势一定能拿个好名次。

——保罗·萨缪尔森《经济学》

经济学唯一的正当目的是促使贫困消除,为人类开辟更广阔的生活空间。除此之外,它没有其他明显目的,应该把舞台留给其他学科。消除贫困,是第一批经济学家对改善人类境况做出的贡献。然而,几个世纪以来,手段已然成为目的,没人再敢去问经济增长目的何在。尤其在富裕国家,人们拥有的东西已经远不止能够满足基本需求。

经济学为财富增长贡献了什么?自亚当·斯密时代以来的繁荣、减贫、减少暴力,正是经济学在经济生活方面立下的主要功劳。经济学家阐明追逐财富与追求权力不同,不一定是一场零和博弈,从而为公共政策制定了一份更为温和的说明。

然而，我们不能孤立地考虑经济学家的贡献。这份贡献建立在许多前提条件之上，包括科学机构和市场机构的出现、法律规则、"资本主义精神"和有利于经济增长的技术应用。[1]这些条件的出现，为亚当·斯密建立他的"科学"搭建了平台。"科学"经济学的独特贡献在于，它更好地理解了上述这些动力在人类进步中的地位，让这些力量**发挥作用**，防止社会重蹈历史覆辙。它在知识和心理上为商业社会赋予了合法性。

早期经济学家提出的问题是：何为通往繁荣的道路？古典经济学家亚当·斯密、李嘉图（1772—1823）和马尔萨斯（1776—1834）向自己提出了挑战：想要理解某些国家如何致富，另一些国家又为何无法脱贫。他们给出的答案（斯密是基于大量的历史探究得出的）是这取决于他们的法律、道德和制度。统治集团可能阻碍也可能促进发明创造，可以扼杀也可以鼓励企业，能够限制也能够放开贸易。在斯密的地图上，飞速繁荣的英国和停滞不前的中国身处截然相反的位置。然而，充满启蒙精神的第一批经济学家未能看清的是，那些不太适合创造财富的制度或许能服务于其他同样重要的人类目的，比如维持社会满足感。这一盲区至今仍然存在。

斯密和李嘉图是英国经济学家，他们在著作中给出的主要政策药方是自由贸易。自由贸易增加了财富，贸易限制则阻碍了财富增长。德国经济学家弗里德里希·李斯特（Friedrich List，1789—1846）进一步提出了一个更具体的问题：欧洲大陆应该如何"赶上"英国？他给

第三章 经济增长

出的答案是贸易保护主义。对于已经工业化的国家来说，自由贸易没什么问题；但对于正在进行工业化的国家则不一样，这些国家需要保护它们的"幼稚产业"，使之不致夭折。[2]这一观点在20世纪40年代被发展经济学所采纳。

自由贸易和贸易保护之间的交锋主导了经济增长方面的思考。这场争论尤其关注制度在经济增长中扮演着或应该扮演什么角色。亚当·斯密及其追随者将国家视为垄断者，且认为厂商群体总在密谋限制贸易。自那之后，主流经济学对这种偏见深信不疑，认为国家经济活动妨碍市场的互利运作，从而阻碍了经济增长。另一方面，对于李斯特的追随者而言，国家是个企业家，或者可能成为一个企业家。同时他们也明白，厂商群体可以成为增长引擎。国家在增长中所起的作用，至今在经济学中仍不甚清楚。基于历史事实，我们会问：国家在财富增长中扮演了什么角色？这个问题又进一步引出其他问题：什么样的国家有利于增长，民主还是独裁？国家注定会腐败无能吗？

18世纪的古典经济学家正确地推断出，物质财富的增长取决于三个因素：对人口的控制、"资本存量的积累"（投资）、"市场的扩大"（贸易）。他们明白，当时若想繁荣，就必须控制社会中的生育率，将一部分生产所得用于投资未来生产，并进行自由贸易。这样的见解十分深刻，直到现在，经济学基本上仍然以此为基础。他们未做到的，在于理解社会如何发展一套制度来促进这些做法。今天，许多（或许大多数）经济学家都将私有产权视为给定条件，用高效率的财产分配来解释为何有些社会拥有更多财富,却不问低效率的财产分配方式为何会在历史上存在如此之久,它们又在各自的社会中发挥了什么作用。

本章溯源"增长"经济学,从古典经济学家的洞见,到发展经济学在20世纪下半叶作为经济学的一个独特分支出现,最后讲到发展视角逐渐消解于新古典主义的华盛顿共识之中。

人　口

若说经济学家是悲剧作家，那么牧师托马斯·马尔萨斯（Thomas Malthus）定有资格成为悲剧巨匠。在他之前，人们憧憬着繁荣的未来；在他之后，只剩一片阴郁。19世纪上半叶，经济学被称为"沉闷的科学"。在《人口原理》（*An Essay on the Principle of Population*，1798）中，马尔萨斯驳斥了孔多塞（Condorcet）、葛德文（Godwin）和托马斯·潘恩（Thomas Paine）等人笔下的乌托邦主义。这些18世纪的思想家目睹了财富增长、科学进步和礼仪式微，他们倍感兴奋，力陈经济进步没有自然限制，人类趋向完美亦不受自然限制。马尔萨斯用他著名的比率挡住了这些思想发展的脚步。他说人类生活永远悬于"人口"和饥饿之间。人口在性欲的驱使下以几何级数（1，2，4，8）增长，而食物供给仅以算术级数（1，2，3，4）增长，即是说，食物每年以恒定数量增长。

如果每对夫妇都有4个孩子，那么每过一代，人口必会翻一番。最终，农业生产将无法再支撑那么多人口。1800年英国人口为700万。

马尔萨斯推断，这个数字每25年会翻一倍，到1825年将达1 400万，到1850年将达2 800万，到1875年将达5 600万，到1900年将达1.12亿，到2000年则会达到近18亿。同时，如果1800年的粮食供给恰能养活这700万人，那么1825年则能养活1 400万人，到1850年是2 100万人，到1875年是2 800万人，到1900年能养活3 500万人。也就是说，100年后，三分之二的人口会吃不上饭——这个景象无疑十分悲惨。推理是马尔萨斯预测的基础，它如今已成为经济学中一种标准方法——从严格的先验假定出发进行逻辑推演。他的预测是个"模型"，其上附着留给我们的一则警告。

《人口原理》第二版（1803）扩充到了两卷，马尔萨斯翻遍了历史，为自己的假说找到了实证支撑。事实上，他确实辨明了人口周期，即人口大规模锐减之后会快速增长——14世纪的黑死病就是最著名的例子，他还就此给出了因果解释：因为工薪阶层总会趁着富足生育更多孩子，所以生产率每次提高都会带来更多人口，而非更多的财富。人口对粮食供给造成压力：工资下降，人口增长逆转，一部分人口被疾病、瘟疫和饥荒夺走了生命，老少都有。通过这种方式，大自然在欲望和手段之间维持着大致的长期均衡。但这一机制使得工资永远无法超过维生的水平。马克思称之为"工资铁律"。乐观派观点便是如此了。

不过，马尔萨斯为性欲强大的破坏力提供了一个关键控制手段："道德约束"。人们应晚婚，且应在婚外禁欲。马尔萨斯不愿将避孕（无论婚内婚外）作为控制人口增长的方式。他混杂了神学和经济学的观点，这种结合现在看来十分奇怪。在神学方面，他认为，上帝在人类身上植入了性欲，不仅是为了繁殖后代，更是为了激励他们做出道义上的努力，即要挣够钱，先是为了结婚，而后是为供养由此产生的家庭。因此，马尔萨斯认为避孕（和其他"恶性"性行为）会减弱抚养孩子的冲劲，从而降低工作与自我提升的激励。如此推理，也与新经济科学的原则相符。

因此，马尔萨斯将道德效率（moral efficiency）作为经济增长的一项要求。"选择"有效道德规范的社会能繁荣；沉溺于"邪恶"的社会则停滞甚至衰落。事实上，17世纪末，即马尔萨斯所说的第三个人口周期结束时，农业报酬递减已被生产率的提高所抵消。19世纪，生产率的持续增长与殖民主义相伴而生，将马尔萨斯的数字扫进了失败预测的垃圾桶——至少就发达国家而言是如此。如今欧洲本地出生率低于人口替换率。避孕这一恶习，将欧洲从马尔萨斯陷阱中解救了出来。

然而，马尔萨斯这通吓唬已给后世留下了很深的阴影。畅销书《增长的极限》(Limits to Growth, 1972)就使人强烈回想起马尔萨斯的观点。这本书预测，世界人口到2000年将达70亿，导致粮食、石油、天然气、铝和黄金短缺。[3]目前，全球人口接近80亿，预计峰值为110亿，有些估计认为是150亿。主流经济学在很大程度上（错误地）学会了不去考虑绝对资源压力，但马尔萨斯的方法在其他方面给经济学留下了恒久的影响。首先，他的经济学存在先验性（a priori，字面上是"由前而来"，意思是"独立于经验"）。马尔萨斯的理论是演绎推理的经典范例，他先想到推理的前提假定，然后再试图用经验去验证。若事实与理论不符，这种推理也总能用"其他条件不变"（*ceteris paribus*）来为自身辩护。其次，他使用了数学公式，使得预测具有一定的精确性，但他的预测并不值得拥有这种精确性。然后，他会直接从"自然事实"中得出大量推论。最后，他在实证性与规范性之间摇摆不定。同亚当·斯密一样，他也研究增长，且认为增长需要道德效率。他是一位传教士，用科学给布道补底气。

投　资

亚当·斯密认为,"资本"(资本品)的积累是增长的首要动力。问题是该怎么获得资本品的必要投资?李嘉图认为,研究积累过程必须从制度开始,是制度决定着地主、商人和工人这三个阶级之间产品的划分。若积累的唯一源泉是未被消费完的产品,那么繁荣增长的速度取决于谁获得了剩余,而这又取决于各阶层都分去了多少。地主靠生产者创造的剩余过活,这些剩余就是他们收取的"地租"。他们用租金建设豪宅、维持奢侈生活,这些不产生任何生产效益。而工人挣多少就消费多少,所以商人是唯一可能积累财富的阶级,也是唯一一个有资金、有动机,能够将利润用于投资,以改善、扩大业务的阶级。因此,经济要增长,就得拿走地主的租金,尽最大可能限制"工资用款",使之仅足以支撑劳动力即可,同时要保持低税收。[4]李嘉图写道:"若因顾虑到某个阶级而阻碍了国家的财富增长和人口增长,那我实在是觉得很懊恼。"

李嘉图有着一个分裂的灵魂,一方面,他的均衡理论证明超额利润会在竞争中消失，另一方面，他又认识到经济增长是一个动态过程，需要不断积累。他开创了一条阶级分析的道路，后来卡尔·马克思热切地沿着这条路走了下去，可这条路却让李嘉图自己的继承者——新古典主义经济学家非常尴尬。李嘉图其实是把国家与地主阶级的利益联系在了一起，主张国家的控制权应该转移给商业阶级。卡尔·马克思表示事实确实如此：在新工业社会中，国家是资产阶级的代理人，资产阶级利用其对资本的垄断控制、剥削工人，就像地主阶级从前利用其对土地所有权的垄断"剥削"其他阶级一样。不同之处在于，商人对工人的剥削是资本积累的源泉，因此也是经济增长的源泉，而地主的垄断租金则是浪费。因此，这个新的剥削阶级同时也是一个进步阶级。

马克思用于分析经济生活的结构性方法与李嘉图的方法相同。我们已经注意到，继承李嘉图思想的新古典主义经济学家拒绝用这种制度观点去分析经济结构。在他们的模型中，个人是唯一的行动者。如此，阶级权力就被隐去了。从经济行为的结构性分析转向个人主义分析，标志着经济学方法的一个关键转折，是一个真正的"范式转变"。

贸　易

亚当·斯密认为，分工是经济增长的第二个关键引擎。提倡分工直接导致提倡自由贸易。以制针厂为例，最终得到这样一个合乎逻辑的结论。斯密说，若每个制针商只具备生产针的一部分专业能力，针的产量就可以大大增加。原先1个制针商每天生产10枚大头针，现在5个制针商可能每天可以生产100枚，于是乎每枚针的劳动时间成本得以减半。通过劳动分工进行专业化，这一原理还可以推广到各个国家和地区。如果国家像个人一样，专门从事自己有优势的行业，那么财富就会增加。

斯密和李嘉图用科学解释自由贸易，而这个科学的背后，其实有着一个至关重要的政治目标：打破地主对食物价格的垄断。自由进口食物，将能使食物价格降低，同时降低生产成本，增加利润和投资，提高工人阶级的实际工资。贸易、资本积累和经济增长之间的联系，在科学经济学诞生伊始，便已建立起来，至今仍然是全球化的知识基础。

不过,自由贸易理论有两种版本。

亚当·斯密相信,上帝将不同人置于不同位置,使之能够互相交易。贸易源于自然优势:如果从地中海进口,得到的葡萄酒会比自己在苏格兰生产的更加优质。他要强调的点在于,相比基于相同产品竞争的贸易,基于自然优势的贸易不太具有破坏性。国家生产不同的东西,而不生产相同的东西并相互竞争。互补性贸易(从国外购买的所需或所欲之物无法在国内生产,或者在国内只能以高成本生产)将工资和就业竞争的威胁降至最低。

然而,仅以自然优势作为贸易的基础,会限制贸易带来的劳动分工。李嘉图就克服了这一限制。李嘉图解释道,最大化福利的贸易不应该受到自然优势的约束。理性主体明白,要想收益最大,不该从事自然优势最大的那些活动,而要做自己最没有劣势的事。

因此,如果一位教授的思考能力和打字水平都比城里任何人都高,而他的思考能力又优于他的打字水平,那么他会雇一名秘书来打字,给自己留出更多的思考时间。李嘉图说,葡萄牙应该集中力量生产葡萄酒,把布料生产留给英国去做。这是因为,虽然葡萄牙生产葡萄酒和布料的成本都比英国低,但它生产葡萄酒的成本却比生产布料低。这样,两国的收益都将最大化。[5] 比较优势理论是整个经济学中最具影响力的学说,连经济学家中那些最难被打动的人也对它刮目相看——保罗·萨缪尔森说它十分"漂亮"。

与马尔萨斯的人口理论一样,李嘉图的比较优势理论是演绎推理的经典例子:将直觉形式化,然后推断其后果。李嘉图只看长远之事，却忽略了将布料生产交给英国，会对葡萄牙产生什么破坏性的影响。与马尔萨斯不同的是，李嘉图同时还轻视实证分析，不屑于用实证展示在实践中贸易确然按其理论所示的路径发展。时至今日，仍然没有确凿的证据表明国家间的贸易遵循了"比较优势法则"。这个理论，很大程度上是属于一种处方性的经济理论。

可它也不一定是个好处方。李嘉图的理论是一种静态均衡理论：这个理论呼吁各国专注于他们目前能做得最好的事情。若是自然禀赋上的优势，而非制造业中的优势，这个理论可能是有一定道理的。一旦"追赶"成为关键，各国就会开始利用贸易寻求动态收益，而非静态收益，即要发展高价值产业，保护这些产业，不使之陷入过早的竞争。弗里德里希·李斯特声称，自由贸易可以成为巩固优势的工具，先是巩固现有贸易优势，进而通过贸易优势巩固现有的实力优势。主流经济学家赞同他保护"幼稚产业"的主张，却又不甚尊重这一主张。他们说，保护主义可能带来一时的利益，但最终总会被国家干预贸易所招致的腐败和低效压倒。

国家的角色

古典和新古典增长理论均忽略了国家在经济发展中扮演的角色。从历史事实来看,许多经济增长是由国家主导的,而非由市场主导,因为大规模资本积累就是由国家完成的。19世纪的所有欧洲国家都是如此,近来日本、韩国和中国亦如此。贸易也属国家政策工具。许多历史学家都指出过,大多数国家的工业化都在关税保护之下进行,而非在自由贸易下完成。[6]

那为何早期经济学家不选择国家,而选择竞争性市场来刺激、协调经济活动?最重要的原因是,他们将前现代国家视为一种私人垄断,将国家人格化为一个君主,这个君主以牺牲公共利益为代价,追求自己家族或王朝的利益。亚当·斯密批判国家,针对的是前现代统治形式。这种国家的统治者是"国王",他既无知识,又不廉明,不足以指导社会的经济事务。因此似乎可以下结论说,应限制国家获取收入和资助的来源,使之在经济中的作用尽可能小。这种经济思想中的反国家主义偏见一直持续到今天,其间曾短暂受到凯恩斯主义革命的干扰。

但即便是在18世纪,经济学家也是错的。当时,君主制已在成为更广泛的实体——国家的一部分的进程中,拥有质量更高的官僚。在亚当·斯密的时代,像奥地利的约瑟夫二世这种暴君可以被"启蒙"。在中东欧,正是"绝对"君主制带头推动了其落后社会的现代化,对抗贵族的强烈反对及其坚守的传统权利与特权。到了19世纪末,国家对选民愈加负责。

对统治者的负面看法与对市场的正面看法正好相对应,这是18世纪根深蒂固的自由主义信念中的一部分。自由主义认为,在没有权力的情况下,私人利益最终会协调一致。所有人都要追求繁荣,因而在竞争性的市场体系中,自愿合作成为可能,监管只保持最低限度。

至少在英美,主流观点仍然认为被治理最少的国家表现最好。即使政府在19和20世纪确实开始为经济目的积累资本,主流理论家也很快提出,公共投资的效率必定低于私人投资。这是因为国家只能根据自己的选择引导资本。今天的新古典主义经济学家喜欢说政府总是"挑选输家",修建通向不知何处的道路,打造无人愿意居住的城镇,建造的钢铁厂使用大量资本和极少劳动力,产品还无法卖出换得硬通货。

经济学家大力谴责政府失灵,却并不关注治理性质,也不关注权力分配。这样的谴责假定所有国家就算不腐败和不掠夺,也都天生无能。但前现代国家的表现,并不能代表现代国家可能取得的成就。新古典主义的嘲弄未能看到,致力于充分就业或增长的政府往往能够选择赢家。想想日本汽车制造商丰田。它从一个小小的纺织品制造商起家，被政府行为（关税、排除竞争对手、补贴）推到闻名于世。用张夏准（Ha-Joon Chang）的话来说："……若日本政府在20世纪60年代早期相信自由贸易经济学家的话，那就不会有雷克萨斯了。今天的丰田充其量也只会是一些西方汽车制造商的低级合作伙伴，甚至可能早就被淘汰了。整个日本经济也是如此。"[7]

硅谷和其他充满活力的创新中心背后的真实故事，并不能用政府为风投资本家和车库投资者让路来解释。从互联网到纳米技术，过去半个世纪，大部分基础技术进步——包括基础研究和下游商业化，都是由政府机构资助的，只有在回报清晰可见的情况下，私营企业才会进入。即使是军事开支（几乎从本质上讲就是浪费）也可能会产生副产品，推动增长。[8]

关于国家在经济发展中的作用，在经济学中始终是一个巨大分歧。每一个时代你都会发现有关这方面的论辩，一些人（大多数经济学家）认为自由放任十分可取，"每一次背离自由放任，除非是大善所要求，否则都是某种邪恶"，另一些人则认为，经济发展需要国家的积极支持，而且往往需要国家的领导。[9]

发展经济学

"发展经济学"结合着两个截然不同的概念。第一个是经济增长。经济增长仅是国民生产总值的增长,通过给定时期所有市场交易的总价值来计算。国民生产总值纯粹是个定量指标。若其增速超过人口增速,则将带来所谓的"生活水平"上升。经济发展则是个更广泛的概念,经济增长在其中用于增进人口"福祉"或人类富裕。

把"增长"和"发展"这两个词互换着用并无害处,前提是人们认识到,在"给养"达到一定水平后,二者的条件可能(也应该)有所不同。

第二次世界大战之后,经济增长开始成为有意的政策目标,此后增长政策经历了两个不同的理论阶段。先是20世纪40、50年代的"大推动"理论("big push" theories),旨在迅速将穷国转变为富国。这类理论是基于对经济的结构主义分析,发展自弗里德里希·李斯特的学说。"大推动"增长政策的所谓失败,导致新古典主义经济学于20世纪70、80年代回归,华盛顿共识之中就蕴含着新古典思想。

结构主义

之所以可将发展理论称为结构理论，是因为它们以世界资本主义体系的结构为分析单位。他们认为这个体系并非由竞争性企业组成的一体化市场，而是一个二元体系，分为先进中心和落后外围。经济的二元结构要求经济学和经济政策也有二元体系——适合富国的体系并不适用于穷国。

发展经济学家与亚当·斯密一样，将资本积累视为增长的动力，但与斯密不同的是，他们并不认为资本积累能够自然发生，因为穷国没有商人阶级。因此，国家需要调动（国内外）储蓄，将其投资于制造业，并利用好农业中的"劳动力无限供给"。[10]此处的关键假设是制造业规模收益递增。制造业规模越大，国内市场就越庞大，因而能产生一个能够自我维持增长的"良性循环"。

大推动理论的拥护者抨击自由贸易，认为自由主义将富人和穷人锁定在这个全球结构中原先的地位上。阿根廷经济学家劳尔·普雷比什（Raúl Prebisch，1901—1986）在1959年指出，贸易收益系统性地偏离外围穷国。这是因为贫穷国家专门生产初级产品，而初级产品的价格是在竞争市场中确定的，但发达国家的制成品却在垄断市场中定价。穷国受制于不利贸易条件，这样相当于将收入从穷国转移到富国。此外，制造业具有永久的成本优势，因为相比初级产品生产者，技术变革能使制造业厂商受益更大。[11]

因此，普雷比希及其追随者要求国家制定进口替代政策，改善发展中国家的贸易条件。在政策保护下，国家能够把资源从收益递减的农业和"隐蔽失业"猖獗的低生产率服务业转移到具有"规模经济"的高生产率制造业。如此，发展中国家才能创造自己的"幼稚产业"，最终或许会成长为出口大国，"赶上"发达国家。正如哈里·约翰逊（Harry Johnson, 1923—1977）所说："因为想着'隐蔽失业'大量存在，人们很容易就会觉得，仅靠动员与转移这些低成本生产资源，将其投入到更具经济性的活动之中，便能够'发展'。"[12] 20世纪50、60年代，拉丁美洲大部分国家以及印度所采用的政策都是基于这样的分析。

到了20世纪70年代，人们越来越怀疑政府的推动是否奏效。发展中国家的数据显示，人口迅速增长，收入不平等加剧，工业就业却增长缓慢。进口替代也造成了通货膨胀和国际收支平衡问题。为新兴产业向国外借款导致债台高筑，最终引发了20世纪70、80年代的债务危机。那时还有证据表明，强制性的增长政策正在产生副作用，例如引发内战、建立残暴独裁政权等。人们越来越关注"社会能力"（social capability）的不足。事实证明，政府完全有能力让自己和家人富裕起来，可却无法发展本国的经济。"神话中，凡人从神那里夺取秘密会有诸多危险，这里也是一样，决策者滥用自己新发现的知识，废去早

前带来如此丰厚回报的计划。"¹³[1]

这种对大推动政策的失望引起了两种反应。第一个是依附（dependencia）理论，这是马克思主义剥削理论应用于国际经济学得到的理论，说的是低收入国家不仅深处逆境，这场游戏本身也对他们不利。"不平等交换"不是什么偶然的结果，这一点在世界资本主义体系内无法用国家政策来补救，因为它是资本主义盈利的必要条件。中心国家的繁荣取决于外围国家的贫困，外围国家需要提供廉价的原材料和非熟练劳动力，用以维持核心国家的利润。这个故事里的反派是跨国公司，它们对全球资本的控制使其能够从穷国攫取经济租。¹⁴

依附理论的一个关键点是，中心国家的资本主义是在国内市场的基础上发展起来的，而外围国家的资本主义是从外部施加的。因此，外围资本主义经济体自身并没有任何内在动力。在这种情况下，资本主义导致了一种"飞地"经济，不仅没有正向溢出效应，反而还通过"人造"出口活动转移资源、用奢侈进口产品替代国产产品、使传统经济的第三产业部门缩水、鼓励使用浪费的现代生产技术，从而扼杀了外围国家其他方面的经济。

依附理论使我们再度将经济学家看作悲剧家。由于外围国家在资本主义制度中无法发展，因此社会主义革命是战胜贫困的唯一途径。这样也会同时削弱中心国家仅剩的利润源，从而摧毁中心国家的资本主义。

---

[1] 原句应出自"The Turn to Authoritarianism in Latin America and the Search for its Economic Determinants"，是 Hirschman 为 *New Authoritarianism in Latin America* (David Collier 编，1979) 一书所写的章节。引文为该书第74页首段末句。

华盛顿共识

上文提到的进口替代政策的所谓失败引发的两个反应中，更持久的是新古典经济学的回归。有人开始争辩说，我们需要的不是昂贵的钢铁厂和汽车工业，因为这些产业的产品换不来硬通货，我们需要的是劳动密集型产业，能够利用穷国在廉价、温顺的劳动力方面的比较优势。农村劳动力储备可以转入低成本的出口制造业。中国台湾地区和韩国等"四小龙"以及日本在打入世界市场方面取得了巨大成功，为这种新方式提供了一些证据支持。

20世纪80年代，拉美发生债务危机，大宗商品价格低迷，政策讨论于是转向了能确保出口拉动型增长的"结构调整"。里根和撒切尔等人主张全球意识形态转向更自由的市场，这一政策转向与他们不谋而合。20世纪90年代，"华盛顿共识"取代了增长议程。引人注目的是，发展中经济体变成了"新兴市场经济体"。

国际货币基金组织（International Monetary Fund，IMF）和世界银行（World Bank）的经济学家引导穷国"自由化"其金融市场，减少贸易壁垒，实现公营企业私有化，削减国家开支，并允许生产决策在全球市场中做出，以这些作为提供贷款的条件。与此相关的认识是，大多数第三世界国家的政府都太无能、太腐败，让人无法放心将雄心勃勃的"赶超"计划交给它们来执行。[15]相反，根据新制度经济学（见第8章），人们越来越强调引入可强制执行的私人产权，平衡私人和社会回报率。

利用好比较优势成为东亚和东南亚的普遍关注点。增长的新引擎来自市场整合。发展中国家不应该试图积累实物资本，而应该集中精力，出口他们能赚得最多的东西，进口他们必须付出最少的东西，并利用贸易利润建立"人力资本"。通过全球化实现增长是当今世界普遍接受的看法。

也就是说，我们有三个关于发展的故事。[16]第一，自由贸易理论向我们展示的，是同一条道路上的不同汽车，有些在前，有些在后，但它保证，后面的汽车遵循自由市场的规则，可以赶上前面的汽车。第二，结构主义理论表明，有些汽车被困在慢车道上，但可以通过国家主义的进口替代政策转向快车道。第三，剥削理论认为，资本主义已经将大多数外围国家永久地置于慢车道上，这些外围国家只能通过一场针对剥削者的革命来摆脱这条慢车道。

结构主义理论至今在拉丁美洲仍有相当大的吸引力。与正统或新古典经济学不同，结构主义将世界经济建模为一个二元体系，借鉴马克思主义的阶级分析，用"中心"和"外围"取代"资本家"和"工人"，因此结构主义成了现代经济学的一个异端流派。对经济生活两种截然

第三章 经济增长　63

不同的建模方法反映着关于现实的不同看法。

  这二者都可能遭到批评，因为它们都忽视了现实的某些重要方面。结构主义者对世界经济中的权力分配十分敏感，但对于称职国家的缺位视而不见，因此，看不到国家无法实现"大推动"政策所承诺的结果。全球化主义者相信市场的"看不见的手"，但却鲜少注意到成功的市场化需要企业家。也就是说，这两种方法都忽视了经济增长的两个重要制度条件：强大且相对廉洁的国家和商业中产阶级。东亚大部分国家和地区都有这些条件；而拉丁美洲和非洲的大部分地方则没有。因此，地域不同，结果不同。

孰对孰错？

2002年，伦敦经济学院的罗伯特·韦德（Robert Wade）教授和英国《金融时报》（*Financial Times*）首席经济评论员马丁·沃尔夫（Martin Wolf）进行了以下交流，从中可以看出结构主义和正统发展观之间的差异。[17]这番对话发生在华盛顿共识的鼎盛时期，也就是2008年经济崩溃之前。

他们首先就事实进行了争论。韦德否认全球化使数亿人摆脱了初级贫困（primary poverty）。世界银行的数字显示，1987年和1998年处于绝对贫困（每天收入低于1美元）的人数大致不变，均约为12亿。但由于人口增加，世界人口中绝对贫困的比例从28%急剧下降至24%；然而绝对数字甚至可能有所增长。若比较每个国家的平均收入，并将各个国家视为平等的单位，则不平等程度不降反升；若每个国家都按其人口进行加权，则不平等程度持续降低。但后一个结果完全是由于中国和印度的快速增长。虽然无法获取全球家庭收入分配的数据，但1982年以来工资份额不断下降，表明不平等已然加剧。因此，正统观点认为全球化是减少贫困和不平等的引擎，事实却绝非如此。

对此，沃尔夫回应道，世界银行的数据显示，自1980年以来，生活在绝对贫困中的人数减少了2亿。若说全球化破坏了减贫，那真是毫无道理。此外，世界范围内的不平等程度在1970年达到顶峰，此后便大幅下降。也就是说，在过去的20年中，不仅绝对贫困率下降，全世界家庭之间的不平等程度也有所降低。这二者的原因都是中国的快速增长，一定程度上也源于印度的增长。

接着，论辩转向了增长的原因。韦德认为，增长的主要原因是技术能力的扩散；而沃尔夫则认为，增长有多个原因，其中，全球化是一个重要因素。沃尔夫指出，20世纪50年代，韩国和中国台湾地区的经验表明，从自给自足走向贸易会加速增长。但韦德回答说，经济上的成功无法作为全球化有益的证据。中国和印度在开放贸易和外资进入之前，就已经开始了增长。

韦德不接受所有国家都应遵循自由化加速增长的药方。历史表明，各国并非通过自由化致富；而是变富之后才自由化。华盛顿共识迫使穷国过早地自由化，阻碍了各国技术能力的增长。从前，富国通过补贴劳动密集型产业或限制外国投资等手段，来培养自身的技术学习能力；但如今，世界贸易组织（WTO）的规则阻止穷国再做相同的事。

沃尔夫回答说，我们不能将技术创新与其应用环境分开来看。除其他先决条件外，经济增长需要国家稳定、人身和财产安全、识字和算术能力普及，需要基本的医疗卫生水平和完善的基础设施，要在不受繁文缛节或腐败阻碍的情况下发展企业能力，也要市场力量得到普遍接受、宏观状况稳定，而且需要金融体系能将储蓄输送至有效用途上。在成功的国家里，这些因素相辅相成。在非洲，这些先决条件则基本不存在。商品和资本市场的自由化无法带来这些条件，可这些又是增长的根基。

沃尔夫承认，在贸易限制的扶持下，幼稚产业的发展"偶尔"可能加速经济增长。但贫穷国家历史上这么做的结果都"糟糕透顶"。他没想明白为什么限制政策的自由裁量权对富国有利，对穷国却不利。穷国需要更多保护，才能免受坏政府的伤害。

最后这些评论是关于世界银行数据的可靠性。沃尔夫写道："关于收入和分配的所有数据都可能有问题，尤其发展中国家产生的数据。但与你（韦德）所说的不同，世界银行的研究人员一直都在计算这些数字。"韦德坚持认为，世界银行"对如何进行发展持有官方观点，并受到其主要股东的左右"，它面对着伪造主要股东GDP数据的压力，他怀疑有些国家并不如世界银行的数据所显示得那么出色。

沃尔夫最后说：

> 经济增长几乎不可避免地会出现不平衡。一些国家、地区和民族比其他国家、地区和民族做得更好。结果就是不平等加剧。懊恼这一结果，就是在懊恼增长本身。也就是认为一起保持贫穷……对每个人都好。[这]在我看来……无论是道德上还是实践上都站不住脚。

第三章 经济增长

这场论辩很好地说明了为何经济学不是一门硬科学，其中焦点矛盾包括相关性与因果性（如果两个或两个以上一起存在，若有因果，谁是因谁是果？）、数据的可靠性（你有多信任官方统计数据？）、经济模型的意识形态复杂性（理解世界经济最好用一元体系还是二元体系？）、普遍真理与偶然事实（不同经济结构的发展规律相同吗？）、权力的角色（市场交易是自发的还是诱起的？）、政策药方的类型（自由贸易还是贸易保护？）、先富的西方是否为穷国提供了正确的发展模式，等等。后面两章将讨论经济学科学化所面临的核心问题。我们所讲的故事就仅仅是故事吗？它们能经得住科学细究吗？

第四章

均　衡

与物理学一样,均衡也是经济学的中心概念。

——爱德华·拉泽尔(Edward Lazear)

《经济学帝国主义》(*Economic Imperialism*)

均　衡

在经济学中，均衡（equilibrium）是秩序的基础。经济学家认为，均衡应是市场交易的自发结果。因此，维持秩序的另一套系统，即基于权力的系统，便可以缩到最小。市场会承担保证社会合作的主要工作，国家则可被限制在为数不多的政治职责——"法律和秩序"上。政治主张通过行使权力来确保社会"维持秩序"，经济学传统上则认为应该依靠市场均衡。

从技术层面讲，均衡这个概念意味着系统静止不动。所有人都没有动机去改变自己正在做的事。经济学从物理学中借用了这个概念。它背后的意义是，自然界中存在着不同的力量，它们能够彼此自动均衡。只要均衡被干扰，总会生出一股相反的力来恢复均衡，以单摆为例，你往前推它一下，重力就会将其推回。

约瑟夫·熊彼特（Joseph Schumpeter，1883—1950）将均衡称作精确经济学的"大宪章"（the "magna charta" of exact economics）[1]。但这导致了一个严重的问题，即经济学家如何协调好（即便是在概念上协调）静止状态的想法与经济生活确有的动态性及不稳定性。答案在于"冲击"这一概念。经济生活的常态是基于稳定预期的可预测活动，但这个平稳的基调不断受到冲击的影响：这些冲击可能源于自然、技术，也可能来自货币。在歌德18世纪的诗剧《浮士德》的序曲中，上帝派魔鬼（梅菲斯特）唤醒人类，使之从沉睡中醒来：[2]

> 人的行动太容易松弛，
>
> 他很快就爱上那绝对的安息；
>
> 因此我愿意给他一个伙伴，
>
> 刺激他，影响他，还得像魔鬼一样，有创造的能力。[1]

在物理学的发展过程中，伽利略（1564—1642）从月球绕行地球时所画出的曲线中得窥均衡。后来，开普勒（1571—1630）准确地描述月球所走的路径，而牛顿（1643—1727）又用引力（将物质聚集在一起的力场）解释了这条曲线。从来没有人见过重力：这是一个假说，用来解释开普勒的观测结果以及此后的许多其他结果。人们一度认为是天使将行星挂在天上，因此引力是科学的进步，使人们不再需要将理解寄托于天使身上。同时，引力这一假说是经过验证的。除开一些微不足道的例外，重力适用于所有的物理实体。

---

[1] 此处引用绿原译文（[德]歌德著；绿原译. 北京：人民文学出版社，1994.），按照本书原文排布方式分行。

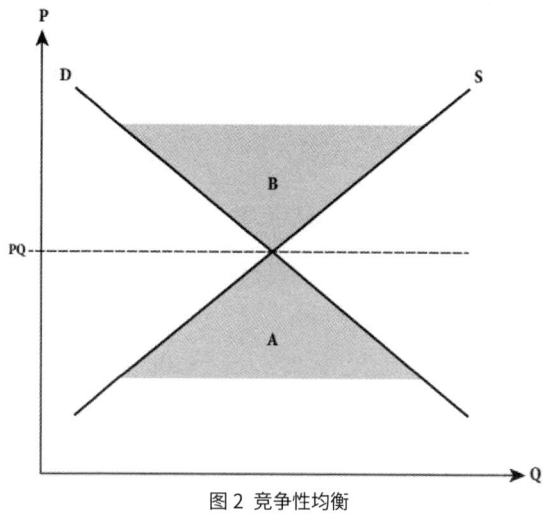

图 2 竞争性均衡

注：这是经济学专业学生见到的第一幅图。P 为价格，Q 为数量，S 是供给曲线，D 是需求曲线，PQ 是均衡价格。A：超额需求迫使 P 回升至均衡水平，B：超额供给迫使 P 回落至均衡水平。

  主流经济学家想让经济学尽可能与物理学相似。力学先于经济学出现，最早一批经济学家对力学定律的精确性和确定性惊叹不已。所以他们觉得经济世界必须要能够体现出一些规律，就像物理学定律一样。经济均衡是由供给与需求这对力量保证的。一幅简单的供需图显示的便是不同价格下的商品需求量和供给量。某物的价格上升，销量就会下降；其价格下降，销量就会上升。若西红柿因枯萎病而愈加稀缺，其价格便会上涨，消费者购买的西红柿就会减少。如果农民种植的西红柿太多，价格也会下降，就会有农民不再种植西红柿，或转而种植其他作物。无论如何，西红柿市场总会达到均衡水平。在均衡价格水平下，若生产者不愿接受现行价格，就只能留着卖不出去的库存商品；若消费者不愿接受现行价格，那他们家里的置物架就只能空着。

保罗·萨缪尔森总结道："价格在最终稳定下来之前，可能需要一个初始的试错阶段，和在正确水平周围振荡的阶段。"因此，竞争性供需计划代表着买卖双方在既有均衡受到扰动时做出的最佳反应。

法国经济学家里昂·瓦尔拉斯（Léon Walras，1834—1910）将局部市场均衡的概念扩展至市场体系的一般均衡（general equilibrium，GE）。据他推演，若整个经济由完全竞争的市场组成，那么所有市场的供求就会同时达到均衡，用一组联立方程便能刻画这样一种均衡。

在瓦尔拉斯一般均衡中，每个市场要确定其均衡价格或市场出清价格，都必须经过被瓦尔拉斯称为"摸索"（tatonnement）的过程。在交易时，经济中的所有价格都已根据各个市场的供求状况得到了完美的调整。需要注意的是，瓦尔拉斯体系中的所有市场都是拍卖市场，买卖合同同时签订，且买卖双方都知道价格。若价格不确定，则无法证明单个市场存在均衡，也无法证明整个市场经济存在均衡。[3]

瓦尔拉斯一般均衡有一个少有人关注的悖论：它不需要市场！只要中央计划者能用计算机生成覆盖面足够广的数据集，包含消费者偏好和生产者成本，就可以得到均衡解并且将其付诸实施。这一点是由奥地利学派经济学家弗里德里希·哈耶克（Friedrich Hayek，1899—1992）指出的。在20世纪30年代所谓的"社会主义计算辩论"中，哈耶克提出了一个著名的论点,即信息通过分散市场的体系传播。哈耶克借此来防范上述那种无需市场的可能性——计划者手头资源再丰富,也不可能将市场过程中产生的所有信息都集中在计算机上。瓦尔拉斯为了求解他那个方程组,假设所有主体都拥有完全信息,但这些信息其实是在市场交易中被"发现"的。[4] 不过,在大数据和实时计算时代,哈耶克的观点似乎变得不那么令人信服了。

证明一般均衡可能存在或许只不过是一道有意思的数学练习,但是,大多数经济学家似乎确实相信现实生活中普遍存在着某种像一般均衡一样的东西。巴克豪斯(Backhouse)所说的"瓦尔拉斯形式主义"(Walrasian formalism)是正统方法论的基石。[5]

自利是重力在经济学中的对应

重力维持着自然世界的均衡,那在经济生活中,重力的对等物又是什么呢?是什么"能量"在"推低"供给过剩商品的价格,"推高"过剩需求商品的价格呢?经济学家们在自利(self-interest)中找到了答案。有目的的自利个体在市场中互动,通过"讨价还价"(haggling and higgling)的市场过程,最终得到均衡。

这个说法来源于亚当·斯密的著作。当然,后来人们边讲边改进,但自利仍是其核心。今天,我们认为以"最大化预期效用"的方式行事便体现了自利。(我们可以用一些令人眼花缭乱的数学去证明理性行为的要求与瓦尔拉斯一般均衡的条件相同。)

站在今天来看,最大化(以最小代价换取最大收获)这项行为准则对我们而言再直观不过了,因此我们很难想象在某个市场中,会有买家不尝试以最低价购入,而卖家不尝试以最高价售出。但这种情形在前现代市场中并不少见,那时许多商品服务的价格是根据习惯固定下来的,人们并非总想"通过交易获利";他们没办法什么都自己生产，因此要在市场中交换认为价值相当的商品。这些市场中，人们本能地认识到，自己同时是消费者和生产者，同时是买方和卖方，所以，如果他们自己花出去的钱更少，那别人就没那么多钱来买他们的东西。因此，经济学家脑海里相互交叉的供求曲线，与前资本主义时期人们的想法格格不入。前资本主义时期，人们的想法中只有一条曲线，代表"公正"（just）的价格，只要偏离这个价格，就表明道德混乱。这也是一种均衡原则，或者说也是一种秩序，其中"自然价格"所起的作用，就是后来市价承担的作用，只不过它完全是静态的。

如今，通过"讨价还价"实现的均衡，模拟了拍卖市场、生鲜市场和阿拉伯露天市集（souks）的情形。[6]然而，若要作为市场定价的一般原则，尤其在劳动、商品、金融市场以及信息和创新市场（这些是对现代经济运行和稳定而言最为重要的市场）中，这种均衡则是错误的，因为这些市场并不具备均衡所需的稳定条件。这些市场里充斥着各种潮流风尚，不断推高或推低价格。这就是为什么我们会经历持久的繁荣和萧条。人类的苹果可能有落地的倾向，但这种倾向太弱，远无法被称为定律。

摩 擦

为了解释涨跌为何运行缓慢，经济学家发现可以使用"摩擦"（frictions）这一概念，这是从力学中借用的另一个词，它意味着市场体系各部分有效"一起滑动"时的阻力。摩擦的概念确实很好地保护了核心均衡不受攻击，允许其发生偏离。物理专业的学生刚开始计算重力的影响时，会假设物体在真空中下落。后续可以再把空气阻力之类的摩擦纳入计算。只要物体的形状保持简单，摩擦也可以保持简单，万有引力定律便具有很高的可预测性。

但经济生活中不存在这样的条件。理想情况下，实现瓦尔拉斯均衡的世界是没有时间的：在计算中用正午或午夜作为时间的零点不会产生差别。一旦引入时间，允许各种过程以不同速度自行完成，经济学家就要被迫放弃纯粹的瓦尔拉斯一般均衡，转向特设解释，来处理均衡无法建立起来的情形。（我们将在第10章中考虑其他保护手段）。

要让大多数市场如拍卖市场或生鲜市场一样运作，根本障碍是未来的不确定性。拍卖行或杂货店的商品价格都是"现货"价格，即

"当场"钱货两讫的价格。但是，瓦尔拉斯均衡需要商品与服务能在未来交付，其交易价格也就只能靠猜。因此，实际市场中的大量交易都是以"错误"价格或者说非均衡价格进行的。也就是我们无法证明均衡是市场上无数自愿交易的结果。社会世界中的摩擦比物理学中的摩擦严重得多，因为我们试图解释人类行为，而这些摩擦正是人类造成的。

因此，"粘性工资"（sticky wages）等摩擦的存在或许可以用来解释持续失业。狂热的全球主义者认为，对更完美的市场整合过程来说，国家就是摩擦。若我们证明人类不具备完美效率所需的特性，那人类也往往会被视为摩擦。对经济学家来说，人类本身就会带来无尽失望，把等式都搞得一塌糊涂。

我们已经看到，经济学定律总提醒我们，对待它们要谨慎，这种提醒就是所谓的"其他条件不变"：如果其他条件都不发生改变，则该定律适用。在自然科学中，其他条件不变并非很强的限制：我们可以合理地假定其他东西都不改变。但在经济学中却并非如此。只要存在"反复出现的小决策"，经济学家就可以相对准确地估计需求和供给函数。但是，若每个决策都十分独特且不会重复，那理性选择和均衡等标准模型就会崩溃。因此，任何经济学定律的适用范围都远小于自然科学定律，这本书的主要目的就是要说明这范围到底小了多少。

关于均衡的几个问题

谈到这里,学生应能想到几个好问题去问经济学家(或经济学老师)。首先,第一个问题,经济学家是否视均衡为市场体系的内在属性,还是把它看作一个标准,或是将其作为定量预测的逻辑要求,又或是当作数学上的理想情形:好看但没有实际意义?

大多数主流经济学家视之为实证和规范的混合体。他们相信市场会自发趋向均衡。但他们也认为,这种自我调整机制存在一些"人为"障碍——如工会控制的工资、过度的福利和反复无常的政府政策,我们应该使这些障碍降到最少。但是,一些经济学家无疑已向均衡概念的逻辑美和美学美投降。他们喜欢的是均衡本身。

接着是第二个问题。如果钟摆运动是由一个冲力("冲击")引起的,那么钟摆在停稳之前会摆动多长时间?换句话说,非均衡期会持续多久?"长期"能够回到均衡,那长期是多长?就是刚好够恢复均衡那么长!在金融市场我们假定它几乎发生在一瞬间。交易商说,"看长期,就是看我们午餐要吃的是什么"。对比一下凯恩斯的提醒,"长期来看,我们都死了"。

第三,钟摆运动的想法是否足以解释价格和产出随时间的实际变动?换句话说,经济的"正常"状态是均衡还是非均衡?琼·罗宾逊(Joan Robinson,1903—1983)强调了均衡与历史之间的矛盾,强调了经济在均衡点之间的波动与必然随时间向前运动之间的矛盾。她认为,时间是不可逆转的:创新之上又有创新。新古典主义均衡模型假定了"正常"规模回报(经济偶尔会背离这一点),古典增长视角则假定经济体不断积累资本和技术。二者之间看起来自然很难调和。

&

那么,均衡理论今日地位如何?邓肯·弗利(Duncan Foley)认为均衡概念拥有"巨大的科学价值"[7]。我更愿意说它产生了不良影响,因为它使经济学家认为市场体系能够自我修正,因此无需政策干预。

均衡正式来说表示资源分配的一种状态,即市场出清价格处处存在,任何人都没有激励去改变自己的位置。这是一个"最优"均衡,经济处于生产可能性边界(production possibility frontier,PPF),所有人都对"自己拥有的"感到满意。不过,在这个均衡框架内,经济学家们在几种不同的均衡概念间游离不定,根据想要解释的内容来选取概念。静态均衡是一种瓦尔拉斯式的均衡,它将同一时刻的供给、需求和价格联系起来。动态均衡则考虑了变量的过去和未来期望值,用以解释调整过程。平稳状态就是一种均衡,此时经济仅仅进行自我更替。这又演变出平衡增长（balanced growth）的概念，即人口和资本以大致相同的速度增长，同时偏好保持不变。[8]局部均衡指的则是某个特定市场独立于经济的其他部分，其供给根据需求进行调整。

约瑟夫·熊彼特对比了静态模型和动态模型。静态指经济的各种外部条件（如爱好和技术）都给定、已知、恒定。现代市场经济与此毫不沾边。在动态分析中，外部条件会发生变化，而且这种变化还是资本主义经济的根本。企业家进行各种创新，这些创新的方法在创造性破坏的过程中取代已有的方法："为了利润而不断破坏老旧的关系"。[9]熊彼特和马克思一样，将技术进步理解为内生过程，由竞争与利润最大化的资本主义逻辑驱动。

各种周期理论也是一类长期均衡理论。资本主义经济会经历一波又一波的创新，每一波创新最终都会自行消耗殆尽，就像退潮一样。从这个意义上讲，卡尔·马克思是一位均衡理论家，利润率随着"失业后备军"的规模变化而涨跌不停。[10]

凯恩斯挑战了经济总处于或总趋向于瓦尔拉斯式最佳均衡的观点。凯恩斯的均衡不一定最优，但总归还是均衡。他指出，经济并不像主流均衡理论所说的那样，会通过相对价格调整进行自我修正。相反，产出和就业存在单向、全经济范围的变动，因此调整的是"数量而非价格"，从而将经济推至次优均衡，此时所有挣得的收入都花掉了，但有些生产要素完全没有收入。不确定性是这种均衡产生的关键，投资前景不佳会导致资产向流动性转移，而非导致利率下降。凯恩斯主义均衡是否仅为一种短期现象，在经济学界一直存在争议。

凯恩斯主义传统的经济学家，包括尼古拉斯·卡尔多（Nicholas Kaldor 1908—1986）、纲纳·缪达尔（Gunnar Myrdal，1899—1987）、乔治·沙克尔（George Shackle，1903—1992）、乔瓦尼·多西（Giovanni Dosi，1953—），以及许多奥地利学派的经济学家，如路德维希·拉赫曼（Ludwig Lachmann，1906—1990），都试图打破均衡的束缚。创新是动态分析的沃土。人们无法提前知道创新的效果，因为它尚未发生。新知识建立在旧知识的基础上，因此正反馈会积累，推动经济进一步偏离均衡。创新将"先发优势"分析纳入到对经济增长的解释之中。

总而言之，若不对人类行为做出不切实际的假设，不假定平稳条件，就无法证明在单个市场或整个系统中存在供求均衡。"市场"中没有什么万有引力定律。诺贝尔奖获得者肯尼斯·阿罗（Kenneth Arrow，1921—2017）和罗拉尔·德布鲁（Gerard Debreu，1921—2004）在其著名的文章中用数学严格规定了市场经济实现资源完美配置的条件，包括完全信息、无摩擦、无公共物品、偏好一致，以及完全竞争的市场（其中包含全部相机合同和未来的合同）。[11]

他们的想法是个了不起的智力成就。一般均衡在某些情况下是正确的。但其条件太过苛刻，很难应用于普遍情形。这两位经济学家提醒我们要谨慎考虑一般均衡的实用性，但人们置若罔闻。我觉得不如直截了当地说，尽管一般均衡在数学和逻辑上带来的挑战给了他们很大快乐，但它终究只是存在于脑海中的美好幻想。

那我们又怎么解释均衡建模一直存在呢？前面其实已经说过，最重要的原因便是物理学嫉妒（Physics envy）。但想要实现物理学那种确定性，必须要对人类行为做出很多假设。

这里的意识形态动机也很强。如果市场天生就能自我平衡，那就不需要政府了。政府在此处便反而成了阻碍市场最佳运行的摩擦之一。（除非假设政府无所不知，但大多数经济学家不愿意这样假定，这也很好理解。）因此，均衡的概念强化了经济学反国家主义的主旨。

还有一个更深层的原因（这个原因则并非经济学家独有的），即坚信在混乱表象之下存在着一种潜在秩序，能用逻辑和数学捕捉到。这种信念可以追溯至柏拉图（约公元前428—348年），以及现代哲学中的笛卡儿（1596—1650）。也就是说，均衡是个思想性的概念，用来解释社会生活初看并不明朗的特征，即其明显自发的有序性。

毫无疑问，市场并非极度无序。即便是市场振荡也会表现出一定的模式和规律。那这些（弱）秩序的基础何在？亚当·斯密认为，世界是个恰好有序的宇宙。如今我们不再相信秩序来自上帝，所以便用理性来支撑它。接着我们又发现，存在不确定性时，个体理性不足以确保均衡存在。但市场的有序性可能存在另一种解释，即认为它是不基于"最大化"主体的理性行为，而是基于相互强化的社会习俗及政治协调行动。也就是说，引力来自市场外部，而非市场内部。

思考均衡与非均衡可催人深省，若经济生活中存在平衡，那么这个平衡是更大的社会生活平衡的一部分。这种社会生活的平衡之所以出现，是为了防止社会本身爆炸开来。其具体表现是，若社会过度趋于某个方向，就会产生一个反作用力。正是在且仅在这个意义上，均衡的趋势才是自然的。但这一趋势过于复杂，很难达到预测特定事件所需的精度。

第五章

模型与定律

面对无法解释的现象,人脑会提出各种假说。其中最可信、用着最方便或最合宜的,便会穿上理论的外衣,稳定下来……不和谐表象的狼藉归于有序,想象的混乱逐渐退散。

——亚当·斯密《论天文学》[1]

保罗·萨缪尔森认为,经济学之所以能成为"社会科学的王后",[2]是因为它有着定量预测的能力:经济学定理能产生预测,预测又是政策成功的基础。经济学面临的挑战一直是如何对经济生活进行"建模",从而产生可靠的预测。标准方法是单独分离出某一个行为动机,排除其他可能动机的影响,从而推断出前者的后果。这种做法跟其他社会科学的方法没什么不同。举个例子,政治科学中,权力欲望压倒一切。经济学之所以成为"王后",是因为它的主题是马歇尔所谓的"可度量的动机"——这些动机的强弱可以统一用货币尺度来衡量、比较。其他社会科学都未能找到一种方法，得以将不同东西的数量纳入如此精确的关系之中。正如莱昂内尔·罗宾斯所说："科学概括（scientific generalisations）若要自诩为定律，就必须能够被准确表述出来。"[3]此外，以货币数量来表达预测，可使之接受适当的检验。因此，经济学概括（economic generalisations）能够基于这种方法不断改进，其他社会科学的概括则不然。经济学概括可以被证伪；其他领域的社会科学家所做的概括则仍属意见范畴。

经济学家如何设法建立自己所谓的定律呢？经济学中主要有两种知识论（所有自然科学和社会科学都一样）：归纳和演绎。实证论认为经济学依赖于归纳、检验和反驳。逻辑论则将经济学描述为一个从公理出发进行逻辑演绎的系统，其中的公理便是"不证自明"的前提假定。若公理正确，结果亦将正确。经济学实践实际上取了这两种观点的折衷立场。逻辑推理是其核心。但其前提假定并非完全凭空而来，它同时设法根据现实世界的结果来检验自身结论的有效性。还有第三种观点，将经济学视为修辞学的一个分支，不过这种观点很少有经济学家赞同。它认为经济学并非一门发现真理的科学，而是一门技艺，说服人们相信自己话语中的真理，从而说服他们以自己期望的方式行事。

建　模

　　经济学家如何设法建构定律呢？答案是通过建模。建模，就是建立一个简化的理论结构来展示真实世界中的事件。这些结构在当今的经济学中，绝大多数是数学结构，一般由三部分组成：输入变量、输出变量和连接二者的逻辑过程。

　　经济学家声称，建模就像画地图：其目标在于剔除杂质，保留关键信息。一个模型，如果和世界一样复杂，那就像一张1:1的地图一样，只能说毫无用处。经济现实都太复杂了，无法直接研究，所以必须将其简化到像漫画一样。也有批评人士认为这只是一种修辞手法。将开放世界"建模"为封闭系统，并非为了简化现实，而是为了数学上的方便。

　　那地图里应该包括什么、省略什么呢？地图内容取决于绘图目的。如果要尽快从一个地方走到另一个地方，地图就要突出显示海岸线、高速公路、高铁线路和机场。如果行程更悠闲一些，则需要地图里有观光路线。若建模者想要绘制社会环境图，可能就会在图上标满个体,至于公司和阶级,包含与否则不一定。当然,建模者就像地图绘制者一样,在这些事情上有着相当大的自由,能选择自己要强调的"现实"特征。意识形态在其中也有足够的空间发挥作用,新古典经济学就声称自己重新发现了掩埋在马克思主义理论架构之下的个人。

模型从假定出发,这些假定后续要用实验来检验。如果无法进行实验,则要采用其他的检验方式。自然科学和经济学都是如此。不过物理学自有其现成的实验室,各种事件能够有规律地重复出现。社会世界则缺乏这样的平稳性。标准经济学模型通常是一个封闭系统的理论表示。但是,将开放系统当作封闭系统来建模,"会在本体论和认识论之间(即社会世界的实际存在方式与它在经济模型中的表现方式之间)产生一个裂痕。这个裂痕一旦产生,便无法愈合"。[4]

经济学家会用许多手段来"封闭"开放系统,其中最重要的方法便是以下几种。第一种是"其他条件不变"——"定格住"模型中的其他变量,从而计算出特定变化产生的后果。大卫·李嘉图的《论利润》(*Essay on Profits*,1815)就是早期明确使用这种手段的例子:"我们……假定农业没有进步,资本和人口以适当比例增长……这样就可以知道……将农业外扩到更偏远、更贫瘠的土地上,会产生什么具体影响。"这一手段提供了一个单一的起点,并指向一个单一的目标。第二种策略是将模型的潜在扰动称为"冲击"(即"外生"于模型的随机事件),从而剔除这些扰动的影响。比如技术"冲击"就很受经济学家欢迎。这就保留了模型本身的预测能力,同时解释了为何输入变量的变化可能无法使输出变量产生预测中的变化,用数学的语言来

第五章 模型与定律

说，就是考虑了"非线性"情形。第三种策略是我们已经提过的"摩擦"这一概念。这个概念允许滞后的存在，即模型不同部分在根据输入变量的变化进行适应性调整时可以有时滞。"过渡"这一概念以及长短期之间的区别便与之密切相关。

基于这些策略可以推得这样的结论：使用机器可能会在短期内造成工人冗余，但长远来看，却能够维持就业水平。经济学家希望模型能有高度的可预测性，考虑这一点，这些策略的存在完全合理。但这样得来的可预测性往往以牺牲现实为代价——这些模型实际上完全不会受到批评的影响。形式化的数学建模用得越来越多，例外区（the zones of exclusion）也随之变得越来越大，甚至研究主题的范围也开始根据模型的可处理性来圈定。

关于如何构建经济模型，主要有三种观点。第一种是必须从"现实的"假定出发，否则模型就只是幻想。第二种来源于米尔顿·弗里德曼（Milton Friedman，1912—2006），他在自己一篇颇具影响力的论文《实证经济学方法论》（The Methodology of Positive Economics）中说，重要的不是模型的假定是否符合现实，而是模型是否能产生良好的预测。做什么前提假定都可以。若预测得准，人们就能检验这是因为巧合还是因为某个因果律。第三种强调的是应从不证自明的公理中推导出结论。（第3章中描述的马尔萨斯人口理论就是一个例子）

接下来就会出现一些问题。我们认为模型是描述性的还是规定性的？模型的目的是展示人们的行为，还是为了让人们按照建模者觉得应该遵从的方式去行事？建模的规范性或规定性目的几乎从未得到承认，因为经济学应该是"科学的""无涉价值的"。

经济学家杰文斯（Jevons）提出了一个简单的观点，归纳了经济学的任务："研究者始于事实，终于事实。"根据他的想法，模型构建分为三个阶段：归纳假说（hypothesis）[1]、推导结论、用现实检验结论。⁵

整个过程如下图所示。基于观察，提出"猜测"或"假说"，说明某些事情可能是出于这样或那样的原因。接着发展出一个理论，在猜测与其他因素（称为变量）之间建立起因果关系。演绎阶段主要是推导出假说的逻辑结果。最后根据实际情况检验结论。杰文斯意识到，演绎论证所做的，只不过是将一组前提假定与一组结论联系起来。如果这些假定本身不切实际，那结论（模型的预测）在现实世界中也就无法成立。也就是说，在他看来，假定必须是现实的。

现代宏观经济学中有一个很标准的基本模型，叫做菲利普斯曲线。统计学家菲利普斯（A.W. Phillips，1914—1975）指出（1958），1861年到1957年，通货膨胀和失业之间存在某种实证关系（"相关性"）。⁶如此，意味着政府可以用高一些的通货膨胀来换得低一点的失业率，反之亦然。

最初的菲利普斯曲线后来出了些问题。20世纪60年代后期，通胀和失业之间那种权衡取舍的关系消失了。为了解释这一"事实变化"，

---

[1] 在计量经济学和统计学中做"假设"（如"假设检验"），本书为了使其明确区别于前提假定（assumption/premise），将该词译为"假说"。

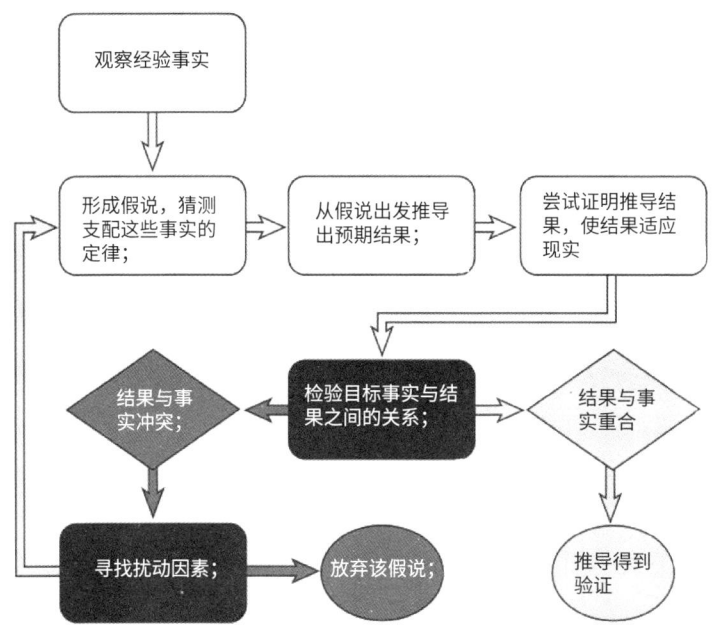

图 3 建模方法

有人提出了一个假说：理性的主体会"在经验中学习"。人们逐渐意识到当前的通胀率是能够预期到的，并会据此调整自己的工资议价行为。这一假说带来了"预期增强型"（expectations augmented）菲利普斯曲线，这条曲线预测，随着时间的推移，往后政府再想通过稍微抬高通胀来降低失业率，只会导致通胀加速。请读者注意，这个模型并未试图研究制度事实（工会组织、历史失业水平等）的变化，未曾尝试用这些因素来解释原始菲利普斯曲线的崩溃：就只用了"效用最大化行为"这一个假定。

仔细思考，我们能够发现模型构建过程中存在一些固有的难处。

1."经验事实"是什么情况？是基于偶然的观察，还是观察到的规律，或是对事实的解释，抑或是已知的先验事实？换句话说，它们是否被已有观念"污染"了。例如，是否假定了人类行为是经过理性计算的？

2.将一些因果变量纳入模型，却将另一些可能产生影响的因果变量排除出去，这背后是基于什么？换句话说，是什么指导着建模者判断变量是否有关？

3.什么是证明（verification）？结果基本不会非黑即白，那多深的灰色能算作黑呢？"扰动因素"要积累到多少，才会让一个理论成为例外而非规则，进而被抛弃呢？如果理论结果和事实恰好一致，但其实只是偶然一致，又该怎么办呢？

事　实

在实际研究中，经济学家几乎从不以事实开始，事实太过纷繁了。他们通常也不始于"谨慎的观测"（vigilant observation）：排列成统计序列的数字，经济学家会设法从中识别出经济模式和异常迹象。他们会从一个假说出发，然后试图证明这个假说。假说通常并非"凭空捏造"。不过，尽管经济学家常说自己是靠着"无可争辩的经验事实"，但假说却也并非基于系统观察。相反，这些假说是基于对人类思维方式的"直接认识"或"直觉"知识。罗纳德·科斯（Ronald Coase，1910—2013）曾忆及英国经济学家伊利·德文斯（Ely Devons，1913—1967）对他说的话："经济学家如果想研究马，是不会去看马的。他们会坐在书房里自言自语，'我要是一匹马，会如何行事？'他们很快就能得出结论——自己会最大化效用。"[7]这句玩笑话深刻反映出经济学的研究方法。经济学家认为自己之所以能形成理论，靠的是钻进研究对象的头脑中，去观察他们的思考方式。正因为这样，他们才能够精准预测研究对象的行为。诺贝尔奖获得者托马斯·谢林（Thomas Schelling，1921—2016）写道，微观经济学大部分内容背后依托的是经济学家去设身处地解决问题。[8]

因此，人们解读经济学家的模型时，可能会说它们都是从关于马如何思考的直觉出发的。经济学家说自己只是将"已经存在"的"模型"形式化。但这种说法无助于理解行为。很可能经济学家先把自己希望找到的东西放进了"人形马"的头脑中。[9]因此，经济学家对人类行为做出的假定与人类实际行为之间的关系就成了关键问题。经济学家构建模型，究竟是为了复制或简化实际行为，还是为了造出与模型本身一致的行为，或者说是为了创造自我实现的预言？很明显，经济学模型既有描述性的一面，也有规定性的一面，一边说这是人类实际上的行为方式，一边又说这是他们该有的行为方式，但无论怎么说，最后都统一到预测目的之上。

保罗·克鲁格曼对模型构建过程的描述如下："对系统进行一系列明显不真实的简化，使其落入你处理能力的范围内；这些简化一方面取决于对重要内容的猜测，另一方面又取决于可用的建模技术。最终，如果模型是个好模型，我们就能更好地理解为何复杂得多的真实系统会如此运作。"[10]克鲁格曼的观点是，经济学家需要不真实的简化，否则就无法顺利进行概括。但也有人认为，大胆的（不真实的）假设不应存在于一门以实用为目的的学科之中。从毋庸置疑的基本前提假定（公理）出发进行推理，并不能成为结论中某些知识正确无误的理由，除非我们（不理性地）直接接受这个前提假定。[11]

宏观经济模型试图超越"不真实的简化"。经济学家尼古拉斯·卡尔多写道：

> 在我看来，理论家应可自由地从事实"典型的"（stylised）一面出发——专注于大趋势，忽略个别细节，并继续采用"仿佛"（as if）方法[1]，即构建一个可以解释这些"典型"事实的假说，而不必太过在意所总结的事实或趋势的历史准确性或充分性。12

一个好的假说能够解释典型事实。卡尔多的尝试值得我们注意，他试图通过"谨慎的观察"而非对人性的"内在理解"来建立宏观经济模型。然而，当事实发生变化时，过分依赖典型事实可能会导致建模者误入歧途。

所有经济模型都有着严密的逻辑，它们最终转化为结论的数学证明。正如诺贝尔奖获得者罗伯特·卢卡斯（Robert Lucas，1937—）所描述的，当今建模的重点在于"获得逻辑一致的不同复杂程度的数学猜想"。但经济学不能仅靠逻辑生存。要想有用，逻辑论证必须基于对某事的真实信念。逻辑无法告诉你现实世界怎么样；它只能告诉你逻辑本身怎么样。学生应意识到因果推理的问题："若所有的天鹅都是白色的，且X是天鹅，那么X就是白色的"在逻辑上是正确的，但在实际上却是有误的，因为并非所有的天鹅都是白色的。若起点为"大

---

[1] 即指上节所述弗里德曼在《实证经济学方法论》中对待前提假定的态度。

多数天鹅都是白色的",那么人们会更了解天鹅的实际颜色,可这样就无法明确预测下一只天鹅的颜色。[13]

在关于检验的哲学中,奥地利哲学家卡尔·波普尔(Karl Popper,1902—1994)是最重要的一个人物。波普尔认为,科学和非科学之间的区别,不在于理论能否被证明,而在于理论能否被证伪。波普尔并不是在说证明弱于证伪,而是要说证明不可能做到。科学定律声称自己是普适的,但对于有限的头脑来说,证明普遍性根本不可能。

可是证伪也几乎不可能做到。即使在自然科学中,也无法用波普尔理想中那种严格逻辑来确凿地证伪一个理论,因为人们很难确切知道是在证伪若干个假说中的哪一个。[14]人们总能说实验结果不可靠,能说随着理解的进步,观察和事实之间的差异将消失,就像塞萨尔·克雷莫尼(Cesare Cremoni)怀疑伽利略的望远镜是否被动了手脚一样。[15]尽管许多科学家仍然相信波普尔,但他的观点长期以来一直在科学哲学家之间遭到拒绝。正如拉卡托斯(Lakatos)所指出的,问题在于科学家不会一遇到问题就否定理论,而是会构建"辅助假设"来解释理论与现实的不符。

波普尔认为他的检验原则在自然科学和社会科学中的适用性无甚区别:事实上,他未能区分这两者。但是相比于各门自然科学,经济学中的证伪会遇到更棘手的问题。经济学中"其他条件不变"这个说法随处可见,使经济理论得以免受异常事件干扰。只有排除扰动因素,才能做出可靠的预测。

经济学中检验假说时遇到的问题,是所有社会科学都面临的普遍

第五章 模型与定律

问题：首先，尽管可以在一定程度上进行小规模实验，但却不可能对整个经济体进行实验；其次，用于替代实验的计量经济学存在一些弱点。

经济学家大多被禁止使用实验方法来检验自己提出的假说，而实验是医学等应用自然科学的典型方法。假如你发明了一种可以降低胆固醇的新药，你会如何进行测试？在实验室测试中，你可以保证除了只给一组小鼠用药之外，两组小鼠所处条件完全相同，以确保等效于"真空"[1]的情形。如果两组结果相同，假说便受到了反驳，需要提出一个新的假说。若两组结果不同，则证实了该药物降低胆固醇的假说。但这一结果无法确定这种新药是否在所有（或者大多数）情况下都能降低胆固醇，因为是实验设计使得两组结果最终相等。因此实验并未确立一条无可辩驳的"定律"，不过可能得到了一个有用的提示，可以进一步完善。

医学中的随机对照试验技术，为我们提示了一种方式，能够解决经济学无法用小鼠进行对照试验这一困难。在实验室中进行实验，我们能够采取各种措施，确保初始条件相同。而随机选择某些个体进行测试，也可能可以得到同样的结果——即是说，我们没有理由认为所选个体在各方面存在差异。接着以同样的方式进行试验，将受试者随机分成两组，只对其中一组进行"处理"，并比较两组的结果。

---

[1] 意指物理学中的"真空"假定，通常用来说明自然科学里，现实世界中不真实的前提假定能在实验室中创造出来，详见弗里德曼的《实证经济学方法论》。

墨西哥著名的PROGRESA计划（给送孩子上学的家庭发放现金）就使用了这种方法进行项目评估。最后研究发现，受教育程度越高，工资也会越高。这种试验不太可能让一个坚定的波普尔主义者满意，但就其研究目的而言，已然足够了。

对公共政策干预的随机化评估在公共卫生经济学等领域使用效果良好，因为可以合理假定疾病和干预对不同人可能产生的影响是一样的。这种方法已在发展中国家中应用于肺炎和脑膜炎疫苗的研发。[16] 但它无法用于检验"开放"系统中干预的效果，因为我们不能合理地假定底层基础不变。每个国家都有其地理、气候、文化和制度的特殊性，因此实验控制效果会很差。除开这一点，样本量也太小，很难得出所需的稳健结论。

计量经济学

计量经济学是目前经济学中最重要的检验手段。经济学家盖·劳斯(Guy Routh)说计量经济学是"假经验主义(mock empiricism),统计学受到计量经济学的折磨,直到它给出目标结果"。[17]计量经济学是统计学的一种,其中经验证据不作为论证的基础,而是作为检查结论的依据。计量经济学并非用统计形式呈现各种事实,而是用于检验模型所假设的关系的统计显著性。我们基于研究者设定的模型进行回归,估计自变量对因变量的量化影响。一般我们会假设自变量和因变量(或其某些变换)之间存在线性(直线)关系。

计量经济学常常面临两个麻烦。第一,我们为了进行检验常常需要做出很多假设,而待检验的目标假说很难跟这些假设分离开来。例如变量间可能存在双向影响,即假定因变量不影响自变量,但它实际却对自变量有影响,又例如模型遗漏了重要变量。这就意味着我们无法由相关性(两个事件在时间上的关联)中得到确定因果关系。阿尔贝托·阿莱西纳(Alberto Alesina,1957—)说,在经济衰退中削减政府支出会导致经济复苏，就是计量经济学"证据"未能摆脱双向影响陷阱的一个突出例子。[18]

第二，时间序列无法用来建构经济学家所追求的定律。如果时间序列太短，则数据不够。如果时间足够长，条件又不稳定了。也就是说，在某一时点上成立的事，在另一时刻可能并不成立。异端经济学家们说得对，所谓的经济学定律全都取决于时间和地点。

此外，还有可能出现观测值太少的情况。哈佛大学的乔治·J.博哈斯（George J. Borjas）和其他人的研究表明，移民净流入降低了相互竞争的国内劳动力的工资。博哈斯最著名的研究表明，"马列尔偷渡者"（1980年大批移民到迈阿密的古巴人）压低了国内工薪阶层的工资。其他经济学家回应了他的研究，指出他的文章中存在抽样问题：人口普查局最近尽量在抽样中纳入更多黑人男性，而这个群体的收入往往较低，而此处样本量太小，无法不受这一操作的影响。博哈斯反过来指责批评他的人，说他们用意不良。[19]计量经济学非但不澄清，反而跟每个人都兜起了圈子。后续很多研究的计量都受到怀疑，要么数据出现问题，要么存在认知偏见。

这些问题指向了计量经济学检验的根本弱点：其必需条件只在受控的实验环境中出现。大多数计量经济学家都认识到，人们无法严格满足这些条件，但仍然继续做下去，仿佛这些条件无足轻重。他们无法理解，把基于这种方法做出来的论文发表在学术期刊上，本身就是在把权威赋予错误的程序。老师告诉学生：如果大家都这样做，那就一定是对的。经济学家提醒读者的慎重的话语，就像企业报表上的小字，根本没有人读。

为复杂性建模

2007—2008年危机之后，人们愈发想知道为"复杂"系统建模的最佳方法是什么。这是因为，我们意识到，像"有效市场假说"这样的简单模型，要么完全无法预见到经济崩盘，要么无法理解经济崩盘。"复杂性描述的是相互依存的系统各部分间结构联系和相互作用的密度"。[20]换句话说，因为变量之间存在的关系很多，潜在的反馈回路也很多，所以即便是很小的变化，也有可能产生巨大的连锁反应。这样一来，我们不仅很难直观地理解系统，也无法再用传统建模手段来刻画系统，因为传统方法通常要求结构性连接少。理解复杂性的主要方法是基于主体的建模（agent-based modelling）、网络分析（network analysis）和系统动力学（system dynamics）。

如果建模使用"代表性主体"（representative agent）假说（即假定整个经济可以由一个个体来代表，这个个体与其他人拥有相同的思考方式），那就可能会出现合成谬误。基于主体的建模则试图规避这种谬误。它模拟许多个体的动作和互动，这些个体都可能具有不同特征，并会表现出适应性行为。建模者建立起主体间的关系，并定义他们世界的各种条件。这些虚构的主体就此进行互动，并可能面对某种冲击或某些条件的变化。由此产生的模拟结果便是模型的结果。这些结果可以作为指标来使用，能直接告诉我们现实世界中会发生什么。

网络分析研究的是经济网络。经济网络指的是一张张网，其节点代表经济主体（个人、企业、消费者、组织、行业、国家等），边则描述市场互动。网络分析对于研究全球供应链中网络的兴起作用很大。如今，计算机网络是最重要的网络。

福瑞斯特（Forrester, 1971）曾尝试为世界生态系统建模，后来由此发展出了系统动力学。系统动力学也采用了与上面类似的方法，但更侧重于总体变量之间的联系，而非主体间的关系。这些总体变量可以是经济变量，如GNP或资本存量，也可以是物理量，如森林面积或石油存量。因此，这种方法在生态经济学中特别流行。

虽然这些方法改进了主流方法，但它们做出预测的本体论基础仍是原子论。这些方法还是需要对行为和关系做出假定，或基于观察、直觉，或凭空得来，不过这些假定总得是在简化或理想化现实世界。这些假定一般都能做到自洽、逻辑一致，但结果在很大程度上是从前提推得的，并非真正的"新知识"，而且模型校准的"艺术"往往才是结果的真正来源。即使初始条件相同，相互作用的主体和条件也会产生混乱，从而可能带来截然不同的结果。因此，模拟最多就是作为一个有用的导引，指明可能的结果范围并刻画系统动态。

大家都听过一句话，"垃圾进，垃圾出"。经济学家总是不禁想把这句话应用于经济学建模。在某些情况下，这句话当然是正确的，但它并不普适。建模目的十分关键：如果需要对现实世界的结果进行精确预测，模型很可能会令人失望，除非情况十分特殊。如果是用来研究某些假定的后果、理清思维，或者是要对某些行为会引致的反应做出一般性说明，那么模型是有用的。

柏拉图式建模

经济学家构建模型，将其作为理想的模样，就好比我们一般所说的模型不再是简化（如模型飞机），而是既善且美的理想状态：一个完美的"形式"，而日常世界中的物体，都是不完美的复制品。柏拉图式的模型描绘的画面，是现实达到理想状态时可能出现的样子。我们可以将其视为一些"基准"。对经济学家来说，即一种完美效率的状态：一部完全无摩擦的机器拥有的效率。他们在计算机技术方面有一个强大的盟友，能够"实时"收集并处理大量数据。经济学家眼中，人是一台完美的计算机器。拥有这样的技术支撑，这种想象在不久的将来或有望实现。

新古典主义经济学家和技术乌托邦的著作揭示了他们自己的工作本质上是规定性的。他们是盟友，都希望"让扭曲的人性之材笔直起来"。所以经济学家的理论旨在激发出更高的效率。有证据表明这个处方确实奏效。菲利普·罗斯科（Philip Roscoe，2014）在他很妙的一本书《我花钱，故我在》（*I Spend Therefore I Am*）中列举了一些研究，这些研究表明，经济学专业的学生明显比其他学科的学生更善于计算。不过我们尚不清楚是计算天赋把他们引向经济学专业，还是经济学使得他们更加善于计算。"理性预期"模型就是这种理想模型的例子。在这些模型中，经济主体是完全理性的，是完美的信息处理者。这种假定掩盖经济学家的希望，即人们迟早会按照理想模型所说的方式行事。

科学还是修辞

有一批学者将经济学视为一种修辞,其中最出名的便是戴尔德丽·麦克洛斯基(Deirdre McCloskey)。她早年接受的是主流经济学教育,但她不认为经济学能够自证其说,因为证伪在经济学里根本不可能。各家观点无所谓对错,只存在有无说服力之分。数学是新古典经济学最有力的修辞手法:只要经济学研究者做得出相关性,不谙统计者便会相信这个人发现了一个原因。不过,麦克洛斯基认为,新古典经济学的修辞性在社会上还是发挥了一定作用,加强了自由市场的论据。[21]

如果说经济学纯粹是修辞性的,那就是认为,在说服的语言之外并不存在现实性。修辞是如何起作用的呢?它通常会从听者已有的某些想法或偏见开始说起(比如"我们都知道……")。如此,"常识"的修辞性表述人为地造出了普遍性。前面我们已经看到,这正是所有经济学论证的出发点:"经验事实"是演绎逻辑的"前提"。"我们都知道"这种说法掩盖住了论证过程的修辞性。

为了产生出人们重视的"定量预测",经济学必须坚称其前提为真。但这是一种修辞方法。"经验事实"无法给出各种普遍前提,用以证明结论的真实性。相反事实太多了。这一点并不会使结论完全错误,而是使得论证不完整。修辞这门技艺,处理的正是不完整论证。它是一个"启发"手段,或者说它通过讲好故事,从而引导人们的思维,使之走上正确的方向。从这个意义上说,所有的社会科学都有修辞性。也就是说,使它们普遍成立所需的条件并不成立,或者说它们只在特殊条件下成立。因此社会科学只是部分正确。

这些学者主张经济学是修辞,且受了后现代主义很大影响。自20世纪80年代以来,后现代主义一直主导着文化研究,它认为人文学科观点都是说服性而非说明性的。雅克·德里达(Jacques Derrida,1930—2004)说过,"外部文本并不存在":不存在语言之外的现实。后现代主义文学批评"解构"了"文本",将注意力从文本主张的真相转移到说服人们相信其真相的手段。从这个角度来看,经济建模是一项说服性的工作:其目的不在于发现真相,而在于试图说服人们相信其"文本"所述的真相。所有的现实都是"社会建构的"。

菲利普·米洛夫斯基(Philip Mirowski)进一步阐述了这一观点,他说自然科学也建立在说服性话语之上。我们的思想和现实之间有一个根本性的裂隙,只有通过隐喻、明喻、类比才能弥合。逻辑证明就是说服机制的一部分。[22]

这种说法的内涵有三个方面的价值。首先,它强调故事或叙事是人们试图理解复杂情况的方式。也就是说,这些学者假定许多社会情形十分神秘或并不确定。因此，人们用这种方式来理解社会，不应被认为是不合理的，反而在这种情况下应被认为是合理的。其次，它指出，是否相信那个故事，取决于是否相信讲故事的人。这无疑说得很对：我们知道自己做不出什么有价值的预测，因此会信赖可能掌握更多信息的人。第三，虽然这些故事并非萨缪尔森设想中产生预测的东西，但它们阐明了未被正式建模的问题。那么，问题在于，经济建模是否能显著增强故事讲述的效果，还是说它只是故事讲述中的一部分。

在批评主流经济学方法论的众多学者之中，麦克洛斯基几乎是独一无二的，他认为主流经济学整体上是成功的。经济学可能是伪装成科学的修辞，但其效果是好的。很简单，因为经济学讲的故事是对的。麦克洛斯基与视经济学为修辞的其他大多数人不同，他认为市场体系带来了进步和繁荣。自称科学也就因此有了意义：这是传播策略的选择，而不是方法上的错误，它使经济学与了解世界的科学理性这种主导模式相一致。

然而，说经济学只是一种修辞，这本身就是一种修辞，因为这么说，无助于看清为何某些论证有说服力，有些则没有。经济学家可能会讲故事，但讲的都是有内容的故事。它们可能反映了民间故事，但这些民间故事又从哪里来？我们口口相传的故事可能并非完全真实，但论点不完整与论点是虚构的不是一回事。一个故事必须有一定的经验和证据基础，否则它就没有说服力。要记住，经济学并非社会科学中的唯一"文本"。有许多"真理"讲述着人类现状，经济学只是其中之一。

那经济学是不是科学呢？

经济学不像自然科学，因为它不使用，也不能使用实验方法来发现定律。科学理论无法要求事实向其假设看齐，但经济学总想做到这一点。总的来说，主流经济学理论的失败不是因为其模型内部不一致，而是因为模型无法解释观察到的事实。除了特殊情况外，经济学还做不到超越罗森博格（Rosenberg）所说的"一般"（即定性）预测：对大趋势的预测，而非对具体事件的预测。[23]

宏观经济的模型表现得尤其糟糕。凯恩斯主义的宏观预测模型在20世纪70年代失败了，因为这类模型假定总量之间存在的稳定关系（如消费函数的稳定性、失业与通货膨胀之间的关系）瓦解了。从大量"典型事实"出发的模型已因趋势发生变化而失效。举几个例子，卡尔多提出的国民收入中工资份额固定的"定律"在全球化背景下不再成立。当制造业不再是发达经济体生产的主要部分时，威尔多恩（Verdoorn）的制造业规模收益递增"定律"就失去了价值。库兹涅茨曲线预测经济增长到一定程度，不平等性会降低，但这也失效了，部分原因是国家对收入分配的相关问题越来越不上心。这种趋势变化（至少在一定程度上）反映出，人们发现趋势并试图利用趋势达到政策目的的做法导致其行为也发生了变化。

因此，人们很有可能放弃尝试直接描绘宏观经济变量的运动，转而关注于刻画单个主体所谓的固定动机（即收益最大化）。这其实就是主流经济学应对凯恩斯主义宏观预测模型失败的办法。主流经济学认为微观模型能比宏观模型更好地预测未来，但这取决于经济学家能否正确理解人类行为。新古典主义的金融模型未能预测2008年的危机，甚至未能看到这场危机的可能性，这说明这些模型对人类心理的刻画存在重大缺陷。这不仅是因为经济学家未能正确理解人类行为的"事实"，更是因为，从修辞的角度看，他们过于相信经济理论的说服力，相信它最终会让行为向模型假定靠拢。

我们的结论是：所有"经济学定律"都不可能永远有效。理论给出的预测，最多只能在各种条件稳定的一段时间内大致可靠，或者是短期内在特定市场中、在卫生经济学等专门领域内，才能做到一定程度的可靠性。宏观经济预测在很短的时间内是可靠的，若各种参数发生变化，则不再可靠。

这就涉及另一件重要的事：数学在现代经济学中扮演的角色重要过头了。数学在所有社会科学中的作用都是使逻辑形式化，并使不同变量之间的关系具体化。但经济学之所以能够如此彻底地形式化，完全依赖于如下前提，即感兴趣的变量能够轻而易举地用数学上的量来表示。但许多行为事实，例如友谊，例如对权力的热爱，都不适合被这么处理。也就是说,严谨的逻辑关系仅仅展示了理论家高超的逻辑推理能力。

罗伯特·索洛(Robert Solow,1924—)曾指出,"不用假装能够多完整、多精确,就算不追求完整和精确,我们能做的东西也还有很多"。分析经济学的功能是"整理不完整的知识,发现未经训练可能会忽略的联系,借助一些基本原则讲述合理的因果故事,对经济政策和其他事件的后果做出粗略的定量判断"。无论科学与否,这些都是值得去做的事。[24]

正因为经济学不是一门科学,所以需要其他研究领域来填补其理解现实的方法中的空白处,尤其是心理学、社会学、政治学、伦理学和历史学。我们应该大胆对经济学家说:"霍拉旭,天地之间有许多事情,是你们的哲学里所没有梦想到的呢。"[1] 这么做实际上不亚于再将经济学重新纳入人文学科之中。

---

[1] 这句话引自莎士比亚的戏剧《哈姆雷特》第一场第五幕。此处的译文引自朱生豪译本(人民文学出版社,2001)。

第六章

经济心理学

理性人就是有条理、有意识去尽全力达成目标的人。

——格里高利·曼昆《经济学原理》[1]

经济人[2]

对于许多第一次接触经济学的人来说,经济学中的心理学之粗糙令人十分不解。老师每次讲到"我们先假定每个人都是理性的",一定会有学生指出这显然不对。学生们也不会轻易接受人们的动机完全是自利,就算别人说这个观点很有见地。在这一章中,我们探讨人类行为的经济学解释,说明它离真相的距离有多远,并思考为什么经济学家难以摆脱这样的解释。

心理学是研究人类心智的学科,经济学用它来解释市场参与者的行为方式。可是,行动原因分明可以通过调查获知,为什么还要去构建呢?主要是因为这些原因通常过于复杂。人们总会不可避免地相互矛盾,甚至自相矛盾。要解决这种困境,标准方案是完全回避证据——从基于"经验事实"的行为假设出发,推断这些假设的逻辑结论,最后呈现出无可置疑的结果。效用最大化等心理学概念"使得分析人员面对新情况时能够做出预测"。其他社会科学受制于研究主题的非数字性,则无法做到这一点。[3]

这样的操作便带来了经济人——机械人（human robot），或计算机器。这个机械人"具有超级英雄般的认知能力"，"拥有无限信息与坚定的自我认知，永远能够结合二者做出即时、准确的决策"。[4]一个机械人与其他机械人之间的关系只有纯粹的工具性。经济人与他人互动，但不受社会关系约束。机械人的公理性特质旨在确保经济学能够独立于历史与文化。

如果你觉得上面的描述太不公正，我们大可以看看经济学家是怎么说的。诺贝尔奖获得者罗伯特·卢卡斯说："我的目标是建造一个机械的、人造的世界。其中充满了……机器人，它们会互动……其表现出的行为，能有与现实世界中的行为大体相似的特征。"[5]这里说要捕捉到与现实世界"大体相似的特征"，这点实际上很难做到。

再次，我们要问：这是在谈人类的实际行为吗？还是在开出人类应该如何行事的处方呢？又或者是"只有人们这样做，我的模型才有用"？诺贝尔经济学奖获得者乔治·斯蒂格勒（George Stigler, 1911—1991）在《经济学家和说教者》（*The Economist as Preacher*）一书中提出了一种关于经济人的观点，他所说的显然是规范性的："效率，即更充分地实现一致目标，是规范经济学开出的主要处方"，因为"我们通过设定完美的标准来定义不完美的表现"。[6]

我们应该永远记住，对于经济学家等社会科学家来说，人性一直是"半成品"。他们认为自己的任务并非描述，而是改进；他们视自己为灵魂的工程师，而非冷静的人心研究者；他们的任务是把理性从迷信的桎梏中解放出来。经济人，一个理性的计算器，会在历史的洞穴中出现。因此，经济学的大部分内容，应被视为是在塑造其所描述的人性。不过，经济学家讲述人类故事，也属于人类在讲述自己的故事，所以在某种程度上，人类确实开始按照经济学家所说的方式行事。这便被称为进步。

经济人的行为

经济人应该如何"行为"呢?诺贝尔奖获得者托马斯·萨金特将人定义为一个"有约束的跨期随机最优化问题"[7]:约束是资源约束,最优化考虑各期,且会受到随机冲击。这就引出了理性预期学派的核心主张,他们认为经济学家建立的模型是人们"心中"已有模型的形式化。每个人都有预测未来的动机。对未来的信念(包括别人在未来要做什么)影响着人们今天的行为。所有主体都以这种向前看的方式行事。因此,只需明确主体拥有的信息集,就能"解出"预测"问题"。

理性预期革命的重点在于,主流经济学家相信自己已经解决了不确定性问题。对未来的预期只是一系列事件的概率分布。不确定性被简化为概率,因此可以当作确定性的特殊情况。诺贝尔奖获得者乔治·阿克洛夫(George Akerlof,1940—)和约瑟夫·斯蒂格利茨(Joseph Stiglitz,1943—)等经济学家指出市场存在"信息不对称",即交易中的一方比另一方拥有更多信息:这个问题在保险市场和二手车市场中普遍存在。[8]但除非我们认为这种信息上的不对等是市场与生俱来的，否则计算机生成的大数据最终总会克服这个问题。若大数据无需任何成本就能被获取，则所有人在自己需要做出的任何决定上，都将拥有近乎完美的预测能力。人们飞驰在一条信息高速公路上，直接通向上帝所在之处。

经济人假定的使用

接下来我们说说经济学家加里·贝克尔是如何悟出犯罪活动的理性基础的。有一天,贝克尔很赶时间,停车时不得不权衡一下成本和收益,看看是要把车合法地停在不方便的车库里,还是违法停在方便之处。他大概计算了被抓到的概率和可能受到的惩罚,最终理性地选择了违法停车。贝克尔猜测,其他罪犯也会做出这样的理性决定。"然而,这样的推测违背了传统观念,因为人们一直认为犯罪是精神疾病和社会压迫的结果"。[9]

对于犯罪心理的类似洞察早在贝克尔思考停车问题之前就有了,可以一直追溯到杰里米·边沁(Jeremy Bentham)和功利主义者身上去。他们认为,如果提高犯罪成本,加强巡查,犯罪率就会降低。[10] 然而,这种对"马脑"的洞察无法在统计上得到证明。若我们进行检验,很可能会发现犯罪率随年轻男性的数量变化而变化。他们这种想法在现实中并不存在。

下面再举三个例子,说明经济人假定的使用。第一个来自贝克尔的"婚姻理论"(1974)。贝克尔认为,人们结婚的原因与各国进行贸易的原因相同,都是因为比较优势。人们在一个竞争性市场中选择伴侣,只有当双方都期望会因结婚获利时,婚姻才会发生。这个理论非常复杂,贝克尔构建了一个男女工作互补性的模型,不过最后基本是将婚姻当作一种降低成本的机制。他假定了双方都知道结婚在无限期的未来会带来的所有预期收益。这相当于断言婚姻市场总是处于均衡状态,因此第4章对均衡理论的批判也能用在此处。按照经济人的规则行事,也就是不去热爱永远无法得到之事。

第二个例子取自乔恩·斯坦森(Jon Steinsson)和中村惠美(Emi Nakamura)的文章。他们说,付钱让别人帮你叠袜子,既使你自己收入最大化,也使帮你叠袜子的人收入最大化。即便自己是穷得叮当响的研究生,这两位经济学家还是雇人帮他们做家务,因为他们计算得出,"比起花一个小时打扫卫生,用这一个小时写论文对于提高他们一生的预期收入更有用处"。[11]

最后,经济学家贝齐·史蒂文森(Betsey Stevenson)和贾斯汀·沃尔夫斯(Justin Wolfers)这对"爱情经济学"的领军人物在生孩子之前进行了成本—收益分析。沃尔夫斯解释道:

> 比较优势原则说,当贸易伙伴拥有的技能天赋与你完全不同时,你们的贸易收益才会最大。我是一个不切实际、书呆子气、毕业于哈佛的实证劳动经济学家,而贝齐也是一个不切实际、书呆子气、毕业于哈佛的实证劳动经济学家。技能高度重合,那么从贸易中得到的收益就不会

太大。除非我们养个孩子。对于养孩子来说，贝西有些，呃，天赋，使得她更擅长投入。也就是说，我要负责处理产出。

史蒂文森又热心地向我们解释："事实证明，父亲们可以是换尿布能手。"[12]

在理性预期框架内，这些论证很有道理。假定我们的目标是最大化我们一生的收入（新古典主义经济学家一般就会这么假定），就必须承认，如果我们能够不做削弱我们收入能力的事，但却还是在这些事情上花时间，那就是不合理的。花在换尿布上的时间，就是从发明（比如开发新软件）的时间中偷走的（除非换尿布有助于发明）。

经济人的行为理性吗？

以上面两位将房屋清洁工作外包出去的经济学家为例。他们的行为真的理性吗？他们所做的，实际上是计算做某事而不做另一件事——写学术论文而不做家务的终身后果，这个后果是用金钱来衡量的。但对于这些后果，他们顶多只能有十分模糊的认识。我们肯定会怀疑，这两位经济学家是不是只是在为自己不做家务找理由。

我们再举一个比叠袜子更好的例子。比方说，假如一位经济学家最快乐的事就是去看电影。但他计算到，去看电影会挤占他的可用时间，影响他作为一名经济学家而实现收入最大化。因此他尽量不去看电影。也就是说，他为了未来不一定能得到的利益，放弃了眼下的利益。这是不理性的，因为无凭无据，没办法计算他需要放弃多少电影才能最大化收入。他根据习惯来为未来商品定价，也就很容易被"事实的变化"打乱。要是计算不了自己行为的后果，那做一个结果论者是没什么意义的。

经济学家应该少花点时间研究确定性条件下理性行为的后果，多花时间去思考在不确定性条件下怎样才合理。也就是要去研究那些当下必然会被归为非理性的行为形式，探讨这些行为形式的合理性和道德价值。他们还应该更加注意区分不完全信息和不确定情形，前者是偶尔信息不完全，后者则是任何情况下都无法获得完全信息。

然而，对经济人假定的反对，主要是道德上的，而不是认识上的。如果我们能给每个结果一个概率（这当然是不可能的，但我们姑且这么假设），那么认为选择的目标是最大化效用，还会有人反对吗？答案当然是肯定的。这是因为我们无法在各种价值间简单地权衡取舍，也就是说我们无法逃避道德选择。我们理解妥协和调整的必要性，也欣赏那些过着"如歌般"生活的人。

所以，作为人类，当经济人准则适用时，我们就该遵循，不适用时，便该忽视。我们当然不该觉得经济人这个无趣的生物是个通用的行为模范。在许多情况下，你应该做自己想做的事、擅长的事，或者你认为好的事，别在计算上浪费时间。我们应该让自己更多地处于一种根本不计算成本的状态之中。

行为经济学

行为经济学是经济学家所做的新尝试,他们要用一个更现实的行动者来取代经济人。因此,它尝试利用心理学和神经科学的知识,在此之前,经济学家还没用过这方面的东西。对于个体像经济人一样行事最能确保自身福利这一观点,行为经济学并未质疑,它与原有理论的分歧在于这种行为实际发生的程度。[13]新古典主义经济学家认为,偏离理性是非系统性的。人们进行估计的时候可能会出错,但他们既会高估,也会低估,二者能够相互抵消,因此系统整体的轨迹并不会发生变化。行为经济学则说自己从实证上发现,偏离理性是系统性的(也因此是可预测的):个体总会高估或低估收益和成本。个体行为与机器人无二,只不过他们信息有限。

2002年,心理学家丹尼尔·卡尼曼(Daniel Kahneman,1934—)因为与阿莫斯·特沃斯基(Amos Tversky,1937—1996)合作而获得诺贝尔奖,行为经济学由此诞生。正因为经济学家的标准行为假定完全不现实,所以现下行为经济学是经济学中一个发展十分迅猛的领域。

思考,快与慢

卡尼曼和特沃斯基认为,我们做出选择是基于两套心理系统,第一套是直觉系统,第二套是计算系统,它们分别被称为快思考和慢思考。慢思考合乎逻辑;快思考符合直觉,且常常是非理性的。他们发现了"非理性"选择的证据,令人印象深刻。例如,投资者偏好高成本的积极管理型基金,但这些基金的表现却不及零成本的指数基金。以下是行为经济学家所指出的人们会犯的"系统性"错误。

1. 幸存者偏差

我们总喜欢只看成功者。想想如果报纸上有一篇文章,说可以帮助你模仿马克·扎克伯格每天早上做的事。很显然,这样一篇文章背后隐含的意思是,如果你只穿灰色T恤,吃对早餐,那你也可以成为亿万富翁,但却忽略了有大量非亿万富翁也在做同样的事。

2. 损失厌恶

众所周知，同样一件东西，失去带来的痛苦比得到带来的快乐更大。丢了一张10美元的钞票的难过，甚于找到一张10美元的开心。在某种程度上，我们天生就会抓紧自己拥有的东西。学校书店会免费送咖啡杯给学生。就算这没用的杯子是从天上掉下来的，学生们拿到手之后，也不愿意6美元卖掉它。可要是他们想买，附近的商店6美元就能买到一个。

3. 优先考虑可用信息

做决定的时候，我们会更重视异常信息。令人震惊、耸人听闻的信息在我们的记忆中挥之不去，因此会在决策中起到重要作用。如果你走回家的时候路上很暗，那么此时一则可怕的新闻故事，"可用性"会盖过你知道的所有平安回家的事。

4. 锚定效应

我们不会脱离语境来评估事物，因此提供语境可以影响决策。如果一家商店把最贵的产品放在门口，那么相比之下，其他东西似乎都很便宜。如果某样东西说是打了五折，似乎就会比把原价的一半作为正价更吸引人。人们为了买一个50美元的电子设备能少花10美元，会开车横穿镇子去买，但却不会为了买一个500美元的电子设备能少花10美元而跑这么远。为什么呢？不还是10美元吗？一个人会喝自己收藏的葡萄酒，也可以在市场上轻松卖出这瓶酒，但他却永远不会想以100美元的现价去购买这瓶葡萄酒。有一个发现备受关注，说的是决策会受到框架效应的影响。这一点在推销中尤为明显。本来买东西应该是这样，如果这件东西对你来说值25美元，你就买，如果不值，你就不买。但是成功的广告"框住"（frame）了这个选择，让人觉得自己花25美元就能买到价值50美元的商品。你真的是被算计[1]了！只有那些把自己深埋在自己的假定里，完全忽视了现实的人，才会对营销可以操纵决策感到惊讶。

5. 证实偏差

这种偏差最为有名。我们总是讨厌改变主意。能等到证明你观点的证据出现，那就再好不过了！人类有一种很神奇的能力，总能合理化自己出于习惯或一时兴起而做出的决定。与之相反的是自动化偏见：认为自动化指令肯定正确，即使常识告诉你它们有误。一群日本游客把车开进海里，因为卫星导航显示他们是走在路上的。曾经有几起飞机失事，是因为飞行员相信出了故障的导航系统，不相信自己眼前的证据。

6. 沉没成本谬误

这一点结合了锚定和损失厌恶，指的是人们会把钱继续砸到失败

---

[1] 此句原文为"Quite literally you are being framed!"通过frame一词表达出一语双关的效果：受到框架效应（framing effect）影响，便是被算计（framed）了。

的投资上,因为面对不了承认失败的心理痛苦。他们无法逃离早就应该放弃的战争,因为无法让自己承认一切都是徒劳。

7. 后视偏差

这种偏差在人类思维里处于核心位置,它使得社会和经济的世界看起来比实际更可预测、更不容易出错。著名的经济学家没有一个预测到了金融危机。然而,几乎在危机发生的第二天,各路评论员蜂拥而至,开始解释为何危机"必然"会在此处如此发生。英国脱欧和特朗普当选都是这样。日常生活中也有类似的事:一对看似幸福的情侣突然分手,每个人就都会说:"哦,我就知道他们一定有什么问题……"

这些例子颠覆了现代经济学的中心信念,即人们总能做出理性预期。其实人们经常做出一些自己本该知道会让处境变差的选择。早在经济学家注意到这一点之前,广告商就已经利用起了这种倾向。

诺贝尔奖得主乔治·阿克洛夫(George Akerlof,1940—)和罗伯特·席勒(Robert Shiller,1946—)在他们合著的《钓愚》(*Phishing for Phools*,2015)一书中用许多既有意思又骇人听闻的例子表明,市场经济中的误解和欺骗十分普遍。"钓鱼"就是一种"以收集个人信息为目的的互联网欺诈",目的是让上钩的"鱼"服务于"钓鱼者"的利益。这两位作者将"鱼"分为两类:一类过于情绪化,无法做出明智的选择,另一类则被错误信息误导。这两位经济学家说,现代经济学应该重新定位，使之能够识别网络钓鱼均衡，而非福利最大化均衡。如果消费者不知道自己在买什么，或者不知道自己在买不需要的东西，那我们自然就不能为"以消费者知道自己在买什么为前提"的市场进行辩护。为了说明自己的观点，席勒尝了不同口味的猫粮（火鸡味、金枪鱼味、羊肉味和鸭肉味），发现味道没有那么不同。有人评论道："没什么人愿意复制这项研究。席勒并不是一只猫，这就削弱了这项研究的实证有效性。"[14]

行为经济学家对怪异的行为特别感兴趣，因为这些怪事似乎无法得到合理解释。比如听讲座的时候，听众会先把后排座位坐满，再坐前面的座位。主流的批评人士说，行为经济学家发现的怪事会相互抵消，最终平均行为会如经济学家预测的一样，所以不必用行为经济学来将问题复杂化，弄得云里雾里的。但对行为经济学的实质反对，并不在于讨论"怪事"是否频繁发生，而是会直接把不符合新古典理性选择模型的行为都称为非理性行为。人类的许多行为都根植于不确定性。我们放不下沉没成本，是因为没有确凿证据表明这些成本会永久沉没；文明不就是由沉没成本织成的一张网吗？我们期待奇迹，是因为奇迹可能会发生。

行为经济学的另一个发现是，不完全信息、复杂性、不确定性和有限的计算能力迫使经济主体使用经验规则或启发式（heuristics），而非进行"纯粹的"最优化行为。启发式（即捷径）的广泛使用会产生系统性行为偏差。这意味着政府"助推"（或激励）人们更加理性地行动或许是可能且可取的。诺贝尔奖得主查德·塞勒（Richard Thaler，

1945—）和凯斯·桑斯坦（Cass Sunstein，1954—）认为，我们可以通过对糖征税来"助推"更健康的饮食，或者在工人承诺储蓄的条件下提高工资，从而促进人们的储蓄行为。[15]这种"助推"效果如何还有待探究。储蓄意味着相信钱会保值，同时相信政府会履行承诺，给退休储蓄免税或允许延期纳税。但是很多时候政府做不到这些，在这种情况下，多消费、少储蓄可能才"有效率"。

对于时下盛行的"助推"方法，一个更深层的反对意见是，通过激励使个人行为更加理性，可能会减少道德上有效率的行为。所有组织都依赖于道德承诺来实现有效率的结果，而合同无法具体规定道德承诺。有的公司使用奖金等货币激励来提高效率，这些公司的"底线"往往低于那些允许更大程度自然社交的公司。因此，"助推"方法很可能比疾病还糟糕。[16]

我们还可以指出，经济学家为了证明他们的非理性行为理论，建立的实验情境往往是人造的：实验者将实验对象置于非典型的情境中，根据新古典理性基准评估其对于各种难题的答案，由此发现大量未知的"非理性"行为。他们要求受试者做出假设性的选择，比如"你会选择掷硬币，一半机会获得1 000美元，还是选择直接得到450美元？"大多数人选择了450美元，从预期收益最大化的角度来看，这个选择并不"理性"。但正如拉斯·帕尔森·西尔（Lars Pålsson Syll）所言，"掷骰子和转转盘不属于大多数经济主体的日常重要行动"。[17]这类测试是为了关注人们的非理性行为，而不是让经济学家反思自己建模人类行为的错误方式。他们不认为受试者在测试中给出了合理的答案，而是认为受试者的思维存在谬见。

在行为经济学带来的诸多可能性中，最重要的一个是，基于固定偏好、完全契约和充分相关信息的新古典理性行为模型是错的。多数人大部分时间里的行为方式不应被视为非理性，而应被视为他们在自己所处环境中的合理行为。行为经济学的罪过在于将这种行为称作非理性行为。

&

经济人模型作为对一般性人类行为的解释，一再被行为科学、认知科学和其他社会科学所否定。我们并非总在计算自己手头事情的时间或金钱成本。我们也不该这样。如果我们要把人类行为浓缩成一个公理，以便在一个封闭系统中进行推理，那么新古典的理性原则可能是最好的公理。所以此时关键不在理性上，而在于公理的普遍性。

卡尼曼和特沃斯基将新古典理性模型作为他们理论的基准，这个基准在一个有着明确界限的封闭小世界里可能有意义。掷硬币实验应能反映出这样的世界——它抛出来要么是正面，要么是反面。但开放系统中可能有许多不同结果，要测试这里面的理性，就跟前面的掷硬币实验不是一码事了。

行为经济学并未确定用什么来代替经济人。其实它完全没有抓住重点。行为经济学在理解大脑运作方面取得了一些进展，它提出了一些系统性的异常行为，而此前经济学家认为这些异常可以当作统计噪声。显然，行为经济学未能将它看重的神经网络与社会网络联系起来。它深入我们的头脑，发现了一些意想不到的事情，但却无法将我们自己头脑中发生的事与他人头脑中发生的事联系起来，因此并未动摇方法论个人主义。

下一章将试图摆脱经济人的孤独，探究人们如何在社会中相互联系，社会如何塑造我们的价值观，我们如何塑造社会制度和经济合作的社会维度。

第七章

社会学与经济学

行动的不是"我",而是社会系统的自动逻辑,社会系统的运作借由我和他人来实现。这种逻辑才是真正的主角。只有在这种逻辑的空隙中,自主的主体才得以出现。

——安德列·高兹《生态学》[1]

社会学能够帮到经济学吗？

经济人，即人形的计算机器，是虚构的。人出生在群体中，在群体中成长，并受到群体的保护。群体可以说是天然的保险，帮助人们抵御不幸和孤独，这是限制个人自由付出的成本。这个保险的保费在部落社会中最高，在大多数现代人生活着的开放社会中最低。同时，群体也总要收取一些会员费。如果个体能准确计算出达到预期目的的概率，那群居就没有必要了。个体也就会与经济学家所述没有两样。但由于缺乏必要的信息库，经济人这个理论基础与其说是简化，不如说若非出现特殊情况，根本是一个不可能的情况。它所假设的可计算的未来并不存在。

经济学家当然明白人类会互动，就像原子会相互作用一样。博弈论就是研究理性个体如何根据他人的预期选择做出选择的理论，但博弈论里的选择终究是自主做出的。社会学家则在互动（interaction）和相互依赖（interdependence）之间做了关键区分。相互依赖是说无论哪个部分，都要依赖于其他的部分，就像身体的各个部位一样。它们无法独立运作。也就是说,除非能够准确地阐明各部分之间的关系,否则许多情况下结果无法预测。但要想阐明关系十分困难。

一旦将"主体性"(agency,指行动能力)作为解释变量出现,至关重要的问题便是主体性在哪里。标准的经济学观点认为只有个体才存在主体性。所谓的"集体性主体",如国家、足球队等,都只是个体性主体的加总。因此,从个体出发分析经济如何运行,将群体视为个体达到目的的工具,似乎就很有道理。此外,将社会产出视为个人投入的总和似乎也很有道理。所以,如果存在失业,我们就必须假设失业者喜欢休闲胜过工作。

我们前面已经说过,这种社会分析方法叫做方法论个人主义。亚当·斯密说,市场产生于人类"交往、易货和交易"的倾向,这便是一个很好的例子。从个体行为的某条简单公理(例如自利)出发,然后根据这个前提推导出整个经济的结果。虽然社会学家也试图理解经济,但他们的出发点完全不同。社会学家从群体出发,而非从个体出发。大多数社会学家的立场可以大致称为方法论整体主义(methodological holism),即认为想要理解部分的行为,只能从整体的角度来看,这里的"整体"由各种关系和制度构成,"框住"了其中个体的行为。整体不同于各部分之和,我们可以称这个整体为"系统"。大多数人都知道自己并非独立的粒子,而是某个系统的一部分,这个系统既能帮助他们,也能毁掉他们。"整体"也有"主体性"——整体本身就是行动者。

那为何经济学家要将个体当作唯一的行动者呢?这其实很容易理

解。个体是具有独立行动能力的最小社会粒子。(人也由各部分组成,但如果说腿和手臂能够行使"主体性",听起来就很怪异。)个体也是唯一具有道德主体性(moral agency)的行动者。方法论个人主义者常常混淆了主体性(行动能力)和道德主体性(分辨是非的能力)。个人主义还带有一种道德上的崇高性,若将个人视为群体的傀儡,那自然就失去了这种崇高性。我们在艺术、科学、行为等方面取得的巨大成就,大部分归功于个人对集体思维的反抗。

然而,个人主义视角一方面有启发性,一方面也有误导性。如果主体性是指行动能力,那么讨论集体的主体性并不荒谬,因为在许多情况下,集体拥有个人所缺乏的行动能力。军团、企业、工会,都不仅是订立契约的个体所形成的群体。从重要的意义上说,它们拥有独立的主体性,有能力做成各种事情。

社会学的主张有两个方面:第一,谈论群体行动完全是正当的;第二,个体行为取决于个人在群体中的社会地位。只要其中一个方面成立,那么政策假定社会结果只是个人自愿选择的总和,可能就会产生严重的误导。首先,这么做无视了群体的存在,忽略了群体除了是个体达成目的的工具,还有其他的功能;其次,这样也忽略了集体内部的权力结构。新古典主义经济学家说宏观经济学应该基于"微观基础",说的是只要了解个体意图,应该就能解释各种行为模式,也就是说,这些模式只是个体意图的总和。例如,国民生产总值只是经济中所有单笔交易的加权平均。然而,"宏观基础"的微观经济学,即阐明个体意图如何取决于个体的经济或社会地位,可能同样也有意义。

大卫·李嘉图和卡尔·马克思的阶级利益理论正是这么做的。

没有受过新古典主义经济学训练的人应该可以很容易地看出社会"地位"会影响一个人的选择。特朗普的一位朋友告诉美国有线电视新闻网（CNN）："我一直认为，一旦他明白总统办公室的分量，就能够应付自如，但现在我不这么认为了。"这句话"总统办公室的分量"清楚地指向这样一种想法，即美国总统办公室是一个独立于在任者的实体。此处存在一个双向因果关系：在任者的表现会影响办公室行为标准的演变，而办公室的行为标准会影响在任者的行为。

一切拒绝将方法论个人主义作为一般规则的经济学，都可以说是社会学的。马克思主义经济学、凯恩斯主义经济学和某些制度经济学都如此，因为它们认为个体与整体不可分割，个体会影响整体，也会受整体影响。而新古典主义经济学家则认为，因果关系只有一个方向，那便是从个体指向机构。个体创建机构，将其作为提高个体行动效率的工具。公司是用来降低交易成本的，国家是一种节约保护成本的手段，而教会则降低了与上帝交易的成本。在这种观点下，社会只是个体交易的总和。进一步，认为所有人动机相同，就可以继续简化逻辑。于是，一个机构可以简化为单个个体——即"代表性个体"（representative agent）的行为。

社会学提供了两条路让我们走出个人主义陷阱。一是它提供了一种方法，能从个体之外理解经济生活的结构；二是它关注塑造成员行为的群体价值体系，或者说群体的"文化"。社会学声称人类是"文化动物"。

如果说，最重要的行为抽象在标准的经济学中是理性计算，那么在社会学中就是"规范"（norm）。前者从社会中抽象出来，后者则是社会存在的前提。当然，鲁宾逊也表现出了"正常"（normal）行为，但他的"正常"只是"个体计算"的缩写。在社会学中，"规范"指的是一套行为准则。换句话说，它是社会关系存在的前提。

我们需要社会学意义上的"规范"概念来解释人类行为，因为各类组织都有规则和行为准则，这些规则和行为准则塑造了组织成员的动机结构。例如，1984—1985年英国煤矿工人罢工导致煤炭行业几乎消失，这真的可以用个体矿工的理性私利来解释吗？也许有人可以说得天花乱坠，用规则功利主义的观点来解释个体矿工的行为。但毫无疑问，要解释这件事，我们不必，也不应该需要借助于"忠诚"和"团结"之外的概念。群体行动者的存在意味着新古典微观经济学的许多内容（标准教科书教学中将效用最大化的个体作为微观经济模型的唯一自变量）是完全错误的。

正如约翰·哈维（John Harvey）所说："我们成群地生活、进食、繁殖、生长、死亡……任何物种中的个体都不是主动选择和其他个体一起生活的，群居是与生俱来的，是一种进化而来的生存机制。"因此，研究的基本对象不应是个体，而应是群体，特别是群体的文化。大致来说，文化是一个群体的价值体系，蕴含在我们常说的"常识""常理"和"守规矩"之中。它为良好行为提供正式和非正式的激励，同时制裁不良行为。不过，文化认同在很大程度上是一种本能。除开叛逆情绪爆发的情况，"这就是我们的天性，是我们人性的一部分。"[2]

那为什么还要坚持把个人作为分析的单位呢?原因有两个,一个是工具性的,一个是价值性的。个人主义提供了比整体主义或有机主义更具效率的建模基础。假设个体拥有单一的动机——理性的自利,比通过复杂的社会关系得出结论要容易得多。个人主义还有一个价值动机。大多数经济学家和波普尔一样,认为社会的整体主义模型隐含着极权主义的意味。个体能够自由选择既是一个科学假定,也有价值上的必要性。

整体主义方法的主张,是说系统层面的行为无法在个体层面上被理解,尤其系统本身的动态又容易以不可预测的方式发生变化。经济学研究的是"封闭"系统,其中的特定结果能够可靠地归因于个人行为。社会学研究的则是"开放"系统,其中的个体以复杂的方式相互依赖,他们的选择仅在最粗略的意义上"可预测"。

此处我有意地用一种简化的、不辩证的方式来阐述个人主义和整体主义之间的对立,以便突出说明经济学家所面临的方法论选择究竟本质为何。理想情况下,经济学和社会学应该互为补充。理性假定提供了"目的与手段之间阻力最小的路径,而要解释偏见和错误导致的碍事的摩擦,则需要运用社会学"。[3]但是,现在这两门学科基本无法做到互相欣赏彼此的方法论优势。它们都自我参照,透过镜子暗暗地去看对方。

社会与个体

从历史角度看,对于启蒙运动及其后果的反应,正体现了经济学和社会学的区别。前现代世界中,人们认为经济活动再重要,也只是集体生活的一个方面。在那时候的经济生活中,习惯性规范体现在家庭、村庄、教堂、行会和社团中,束缚住每个人。社会秩序等级森严:每个人都知道自己在全局中的位置。统治者的任务是根据等级为每个人提供"养分",比如限制市场准入、定价和控制消费。工作应该与等级相称。"一时的财富"顶多只是通往永恒财富的道路。以牺牲永恒幸福为代价追求一时的财富是"非理性的",太过小家子气。[4]前现代社会并非一成不变,但其流动基本是循环进行的。在社会顶层,杀伐夺权,朝代更迭,而农奴、农民和市民的生活节奏,则只有在经受自然灾害时才会遭到干扰。

启蒙运动击溃了中世纪世界。这场"照亮"心灵的运动,目标是将个人从社会链条中解放出来,从笼罩在黑暗中的生活里解救出来。用伊曼努尔·康德(Immanuel Kant,1724—1804)那句经典的话来说，这是"人类摆脱自我招致的不成熟"。[5]思想的震荡、纷繁的事件，将人们从前现代的权力和依赖关系中解放出来，使他们得以承担越来越多的角色，或者用我们现在的话说，让他们拥有越来越多的"身份"。法国革命者为人民的政治解放而斗争，经济学家则为他们的经济学解放而斗争。这是18世纪的双重革命，政治和经济自由主义者喜闻乐见。进步带来的世界，会是一个选择关系而非强加关系的世界。

社会学则用另一种更加阴郁的方式来理解这些事件，其出发点是"历史遗留下来的……制度秩序的绝对现实"。[6]社会学的奠基者认为，革命者和经济学家喜闻乐见的个人从社会桎梏中解放出来，实际上是对团体保护性关系的扭曲：物质秩序从道德秩序中分离了出来。社会学家通常将社会的瓦解描述为一个社会原子化的过程——人们失去了在整体中的功能地位，也因此失去了对他人的责任感。

也就是说，这两门学科从相反的角度看待社会问题。经济学家认为，这个时代的核心问题是如何确保稀缺物品最有效地生产和分配；而社会学家关心的问题，则是如何从宗教和公共生活的碎片中创建可持续的道德秩序。经济学家期望个人理性能够带来一个愈加自由、愈加富足的时代；而社会学家看到的则是一场噩梦，专制权力施于迷失方向、昏迷不醒的民众身上，却又顶着为了大众的名义。社会学家并非全都如此悲观，因为制度既可以被视为进步的载体，也可被视为反动的载体。保守主义者为等级秩序的消失而长吁短叹，而激进主义者则接受了工业化带来的好处，不过他们认为新的"理性"社会纽带必会超越托马斯·卡莱尔（Thomas Carlyle，1795—1881）所说的"金钱关系"（cash nexus）。社会学自由派强调自由联合的作用。也就是说，社会学并非全无"改进性"或规范性元素。然而，社会学的偏见（有人认为是弱点）在于它倾向于保守主义。社会学几乎不可能不保守，因为在它的地图上，堆满着不可移动的存在。[7]

对于新经济秩序持续不安、矛盾不断的动态，没有人能比卡尔·马克思总结得更到位。玛丽·雪莱（Mary Shelley）的小说《弗兰肯斯坦——现代普罗米修斯的故事》(*The Frankenstein: The Modern Prometheus*，1823）让他着迷。这本书讲的是一个类人怪物的故事，主人维克多·弗兰肯斯坦（Victor Frankenstein）设计了这个怪物，使之服务于自己。但这个怪物后来"变得暴戾"、攻击发明者，无论走到哪里，都会造成巨大破坏。马克思从中看到了对资本主义的隐喻。他写道，资产阶级创造了"比前代人全部加起来规模还要巨大的生产力"，甚至把"最野蛮的国家拉进了文明……并按照自己的形象创造了一个世界"。但其代价十分可怕："所有固定的已有关系，及与之相关的一系列古老、受人尊重的偏见和看法，都被一一扫去，所有新形成的关系在能够固定下来之前就已经过时了。一切坚固的都化为空气，一切神圣的都被亵渎……"[8]资本主义，即弗兰肯斯坦创造的"生物"，一旦完成了它的任务，就必须被摧毁。

亚历克西斯·德·托克维尔（Alexis de Tocqueville，1805—1859）在评论19世纪新工业主义中心曼彻斯特时，同样也说它是一把双刃剑：

> 人类最大的工业之流从这条臭水沟流出,为全世界提供养分。这条肮脏的下水道里流着纯金。在这里,人类获得了最完整而最野蛮的发展,在这里,文明创造了奇迹,而文明人几乎变成了野蛮人。[9]

也就是说,社会学一方面研究导致社会瓦解的力量,另一方面也在分析瓦解所带来的各种新联系。

社会学的视角

社会学最基本的信条是，人类因生物、经验和文化等原因彼此联系在一起，不可分割。此外，所有社会学家都相信制度秩序现实，即相信制度存在。然而，制度秩序并非一成不变、始终如一。前现代时期，经济"内嵌"在道德秩序中，而在现代，经济已从道德秩序中分离出来。另一个重要观点是，不同的制度秩序会产生不同的人物类型。历史上的大部分时间里，社会组织反映着军事需求，于是战士便是典型人物。宗教人（*homo religiosus*）是中世纪的典型人物；经济人则是随着资本主义出现的。所有的社会科学都争论过这样一个问题：制度秩序中哪些应被视为基本部分，反映我们的生物、经验积累和天生的道德感；哪些又该被视为可变部分，会受信仰和生存条件变化的影响？

随之而来的一个重要问题是：国家是什么样的机构？我们所认识的国家是现代社会的产物。在此之前，存在着统治者、王室和宫廷。国家是否被视为私人利益体？或是被视作资产阶级的执行机构？又或者在某种程度上代表着公众利益？问题的关键在于国家对谁负责。我们会在第9章中更详细地探讨这个问题。

为了让这些抽象讨论生动一些，我们来思考三个在历史上构成社会学核心的话题：社会团体的性质、资本主义精神、市场与社会的关系。

礼俗社会和法理社会

斐迪南·滕尼斯（Ferdinand Tönnies, 1855—1936）区分了两种社会团体，一种由情感和习俗纽带联系在一起，他称之为礼俗社会（Gemeinschaft）；一种是利益联盟（如商业公司或政党），他称之为法理社会（Gesellschaft）[1]。在礼俗社会中，尽管存在分离的力量，个体之间仍然团结；而在法理社会中，尽管有联合的力量，个体间仍是相互分离的。[10]伟大的社会学家、经济学教授马克斯·韦伯（1864—1920）也区分了"共同体"（communal）和"结合体"（associative）两类关系。若一种关系的建立是基于"双方的主观感觉，即他们属于对方，他们与对方的整体存在有关联"，则这种关系是共同体关系，例如军队、工会、宗教兄弟会、婚姻等。若这种关系是基于"理性推动的利益调整或类似协议"，则是"结合体"关系。[11]结合体是一个通

---

[1] "礼俗社会"和"法理社会"这两个词是借用费孝通先生在《乡土中国》里的对应说法。

过选择形成的群体：我们"选出"那些自己想与之交往的人，而不是本身就与他们相互羁绊。

需要强调的是，社会学家将礼俗社会视为典型的前现代团体类型，将法理社会视为典型的现代团体类型，并将现代性解释为从前者到后者的运动。法哲学家亨利·梅因（Henry Maine，1822—1888）称之为从身份到契约的运动。身份是被赋予的；但在契约型团体中，个体间的关系取决于自身选择。一个显而易见的问题是：结合体形式的社会黏合剂是什么？利益的理性调整充当这个黏合剂足够吗？

尤尔根·哈贝马斯（Jürgen Habermas，1929— ）认为，现代公民生活在两个截然开的世界中：一个是家庭、社区和文化生活的道德社会世界，一个是经济工具性关系的世界。他称前者为"交往"（communicative）理性，后者为"战略"（strategic）理性，即计算。两者适用于不同的环境和活动。前者是道德秩序必不可少的；后者是物质秩序不可或缺的。与许多社会学家一样，哈贝马斯害怕战略理性对道德的侵蚀。[12]正如我们所见，这种侵蚀的依据可见于莱昂内尔·罗宾斯的观点中，他认为所有选择都带有"经济性"（见上文第2章第5段）。在一个基于契约的世界里，诉诸道德是没有用的，因为道德已不复存在。

问题是自利是否足以建立责任关系？主流经济学家普遍认为可以。法律和监管体系植根于个人的私利；正直会有"回报"。涂尔干（Émile Durkheim，1858—1917）有力地挑战了这种想法。在《职业伦理和公民道德》（*Professional Ethics and Civic Morals*）中，涂尔干指出：

> 任何类型的契约连一刻都无法维持……除非它们基于一定的惯例、传统和规范，这些规范之中，某些权力高于契约的观念清楚地存在着。契约的概念，其作为人际关系存在的可能性……只有至高无上的社会习俗已经存在时才会出现。[13]

就好比如果不相信货币是可靠的价值象征，就没有人会签订货币合同。

"失范"（Anomie）一词被涂尔干用来定义一种社会病态，即社会道德沦丧。他发现，新教国家的自杀率高于天主教国家，因为在天主教社会中，家庭关系能得到更好的维系。[14]在涂尔干看来，社会团体的瓦解不会带来新的工具性关系，而是会导致其进一步解体，从而使得国家监管无限扩张。此处我们遇到了社会学文献中反复出现的一个主题：市场化蔓延与官僚制度扩张并行，将个体自由的自由主义愿望困在"铁笼"中。只有当出现"魅力型"领袖时，才能够暂时逃离，因为他们"为受到污浊政治和官僚作风阻碍的社会设定新目标，开辟新道路"。[15]

自韦伯时代以来，相较于"商业"世界，习俗世界已经缩小。现代生活"交易性"渐浓。经济人的意识形态和数字技术一起，将人们吸出当地社会甚至国家，放入一个"地球村"之中。经济学专业的学生需要平衡经济学家对不断扩大的市场的热情与这样可能会严重破坏既定生活方式的社会学观点。如果没有社会学的想象力，我们就无法理解当今"落后者"的政治反抗。

有一种组织影响力巨大，但却并不落在习俗和契约的二元对立之中。这种组织就是宗教团体，即信徒的团体。我们与教会和宗教的联系既不出于血缘关系，也不出于算计，而是因为我们感到自己十分渺小，只有宗教信仰才能将这种感受转换为对未来的信心。意识形态可以被视为宗教信仰的世俗替代。当习俗开始受到质疑时，意识形态就会出现。意识形态团体是当今最强大的联系形式。但这也带来了显而易见的风险，因为意识形态提供的是毫无根据的世俗乌托邦承诺。

资本主义精神

新古典经济学假定人的本性不会变化,其特点是无限渴望利益。因此这个学说无法解释为何在人类历史的大部分时间里,这一行为动机未能带来巨大的财富增长。若仅说低效制度使这种动机无法得到表达,恐怕并不足以解释这一点,因为这样一来,又无法解释为何这些制度一直存在。R.H.托尼(R.H.Tawney,1880—1962)在给马克斯·韦伯的《新教伦理与资本主义精神》(*Protestant Ethic and the Spirit of Capitalism*)写作前言时说道,"我们需要解释的":

> 并非经济自利动机的力量,因为这在所有时代都普遍存在,无需我们解释;而是道德标准发生了变化,天生的弱点变得能够为精神增色,人们将其推崇为经济上的美德,而在从前,人们谴之为恶习。

在《新教伦理与资本主义精神》一书中,马克斯·韦伯否认个人天生就追求利益最大化。"在传统社会中,一个人并非'天生'就想赚更多的钱,而是简单按照他习惯的方式生活,挣到的钱能满足这一目的即可"。"资本主义精神"在特定时间(16世纪)、特定地点(西北欧)出于特定原因进入历史。这是宿命论信仰的意外结果。[16]

上帝把人们分为得救者和被诅咒者,人们无法影响上帝的选择。信徒们加倍努力工作,用以说服自己(如果说服不了上帝的话)是得救者中的一员。最重要的是,工作上的成功,即财富的积累,被视为上帝恩宠的"标志"或"证明"。清教主义灌输的世俗禁欲主义是现代资本主义的心理基础。清教徒以积累财富为目标会感到内疚,而个人禁欲主义和节俭是他们应对这种心理的方式。[17]

韦伯的精彩猜想有两方面价值:一是质疑经济学家关于人性不变的信念,二是让我们看到经济学和宗教之间的联系。经济学可以被看作某种形式的宗教信仰:信仰的是进步。"如果这样行事,至少长远来看会得到恩典。"经济学家可以被比作世俗的牧师,他们履行古代牧师的职责,引导人们按书上所说的方式生活。上帝就在模型之中;模型之外是妄想、疯狂和邪恶。

市场是自然的吗?

亚当·斯密之后,主流经济学将市场视为自然秩序的一部分,将国家权力视为外部强加的一种破坏。社会人类学家卡尔·波兰尼(Karl Polanyi,1886—1964)则区分了市场和市场经济。市场是自然的,但市场经济"完全不自然,从严格的经验意义上说是异常事物"。习俗和互助才是"自然"的。交换不是为了获取收益,而是通过礼物来加强关系;要最大化的是社会荣誉,而不是钱财。[18]因此,前工业时代的经济"内嵌"在一种道德秩序之中,而资本主义为它松了绑。因此,把微观价格理论应用在非市场关系中(就像加里·贝克尔等新古典主义者那样)不恰当甚至很扭曲。

简言之,波兰尼的观点是,在前现代社会中,市场只能存在于经济的边缘。因为生产"要素",即劳动力、土地和资本,都是不可被市场化的。它们之所以会变成"虚商品",与食品、衣服和家具一样,也受到买卖的影响,是国家权力导致的结果。建立"国家"经济至关重要,因为这样统治者就可以为战争调动资源。"公地悲剧"(17、18

世纪英国人将原先公有用地圈起来成为私人用地）就是全世界首个国家市场创建过程中的一个著名标志。

然而，因为社会抵制融入市场经济，尝试创建"市场社会"曾激起一定的反应。市场经济促使民主国家加强监管，以遏制其破坏性影响。也就是说，今天的国家干预并不是对市场自然秩序的破坏，相反，是为了防止市场摧毁其所处的社会。保护主义就是被激起的经济反应；社会民主和法西斯主义则是政治上的反应。波兰尼在他的经典著作《大转型》(*The Great Transformation*，1944）中就描述了这些东西。他搜寻历史，捕捉到了过去的经济行为以及20世纪对自由放任的反叛。

波兰尼是社会学领域一个重要传统的代表人物。这一传统对市场社会的批判建立在社会主宰经济的信念之上，在解读现代政治与社会史的大部分内容时，都将它们解释为使社会免受市场干扰所进行的种种尝试。资本主义自出现以来，就引发了各种或自发或有组织的社会行动，其目的都是要在资本主义的非人性面前维护我们的人性。专业化的理想市场使人们远离社会、疏远彼此。通过市场，我们的生活越来越被"商品化"，非经济价值和非经济关系被挤出。但人是社会性动物，对身份、友谊、安全感和价值感有着强烈的需求，因此，人们一方面接受市场交换带来的好处，一方面又设计了各种非市场策略，保护人性本质，使其免受市场侵蚀。社会民主则一直是政治方面的反应。但波兰尼并没有提供显而易见的解决方案，只是论及不断加剧的市场侵蚀和不断增强的国家监管之间存在对立关系。

协　调

　　人类行为的社会学和经济学解释之间似乎存在着一道无法逾越的鸿沟。在方法论个人主义中，解释总是基于个体；方法论整体主义则总是从集体的角度做出解释。这就好像要么说"没有社会这回事"（撒切尔夫人确实这么说过），要么说"没有自由选择这回事"。这两种说法显然都是错误的。要想矫正将人当作计算机器的做法，那就不能把他们变成不思考的自动装置，而是要更好地理解个人和社会之间难以捉摸的关系。

　　哲学家、经济学家托尼·劳森（Tony Lawson）既反对个人主义立场，也反对整体主义立场。他认为好的社会研究既要关注组织关系，也要关注组织中的个人和个体对象。他用"出现"（emergent）一词来描述社会整体或社会体系（它们独立具有因果力）及其在人类混乱的互动中逐渐形成的结构。（达尔文的自然选择学说在此处影响很大）任何系统都包括个体要素和一个组织结构，个体要素在组织结构中占据一定位置。这种组织结构是系统因果力的基础，因此我们总是认为因果力不能简化到单个要素的层面，不能脱离关系组织来考虑因果力。

身体便是一个各部分相互依赖的系统，因为每个部分都是由其在整体中的功能作用来定义的。亚里士多德说过，手是用来抓东西的，因此，一只手如果与身体分离，无法再握紧，某种意义上它就不再是手了。[19]类似地，虽然社会的组织结构没有身体那么明确，但各部分只有基于结构关系才能运作。

劳森认为，系统的组织结构与整体同时出现。已有的个体要素进入组织结构，便成为系统的组成部分。然而，这些有组织的个体要素是具有一定主体性的人。他们可能会接受位置赋予的义务，因而接受各种规则、规范和限制，并承担违规的后果。但这并不意味着他们永远会遵守规则。人们可能会接受惩罚，也可能会试图改写、逃避、反抗或无视这些规则。基于这一点，社会现实在根本上是开放的，它强大，但也多变。[20]

在这个框架下，因果关系究竟是从底层部分延伸到整体，还是从整体延伸到底层部分？或者说，究竟底层部分的集合是独立的特征，还是整体是独立的特征？我们认为这样的问题是一种错误的二分法。系统作为一个整体具有因果力，但这些因果力的行使只能通过系统内个体参与来实现，不管这些个体是否知道自己的行为在系统中处于何种地位，他们都会参与因果力的行使。因此，方法论整体主义是错误的。同时，即使有时规则被打破，参与其中的个体也只有作为系统组件被组织起来时，才能够行使因果力。所以，方法论个人主义也是错误的。

举个例子，考虑语言和对话之间的关系。要进行对话，首先必须有一种语言，也就是一个约定的系统，用来表达意思。但语言不是一成不变的，很大程度上也不是被计划出来的，而是在无数次对话中产生的，参与者会逐渐理解其中不言自明的规则。声音承载意义，逐渐形成了单词。随着上下文变化，这些单词的使用会微妙地改变原有意义或增加新的意义。

另一个例子可以是足球这类团队运动。如果比赛中有进球，那是球队（比如阿森纳）将以1比0获胜，而不是球队中的任何一个人获胜。但是，如果说球队获胜无关个人参与，那也很荒谬：一支球队并没有长脚，也不能自己踢球。极端的个人主义立场也不合适。11个人四处奔跑，不互相照应，就像19世纪50年代的乡村队一样，只是带着球向球门跑去，直到有人被抢断。

球队之所以能够进球，是因为球员在关系上组织成了一个队形，每个位置都承担着特定责任。前锋和后卫各有不同义务，组成一个团队，球员才能履行这些义务。进攻者知道会有防守者守住后方，才能够奋起进攻。但同时，这种结构并不是固定不变的，而是由经理和球员诠释与改造的，他们会利用己方的优势和对方的弱点，出奇制胜。在19世纪80年代，几乎没人听说过后卫能够超过两名球员，但现在一个教练若只安排两名后卫，人们就会说这个教练无能。

乔纳森·威尔逊（Jonathan Wilson）在其所著的足球战术史《倒转金字塔》(*Inverting the Pyramid*)中写道："足球比赛不在于球员，或者至少不只在于球员；它关乎形状和空间，关乎如何聪明地部署球员,关乎球员在部署中的移动。"与国际象棋不同,足球是开放的。新古典经济学更倾向于将经济视为国际象棋比赛,而不是足球比赛。它将复杂的心理和社会现象简化为简单的行为公理和简单的线性数学模型,但没有进一步论证和调查。

与国际象棋不同,足球有经理的存在,经理是球队内部的权力来源,其角色是确定球队战略。经济学通常认为,与国际象棋的棋手可以完全自由下棋一样,经济中的参与者也能自由行动。更合理的说法是,参与者可以在比赛中自由诠释教练的计划,但如果偏离得太远,就可能会面临惩罚。

于是,经济学家面临的挑战,就变成了不要做出更别扭的还原论(reductionist)解释。否则要么是剥夺了人的能动性,要么就是赋予了人类不切实际的选择权(正如新古典主义的描述强调挨饿的自由,完全否认了非自愿失业的可能性)。

我们不应该像贝克尔和墨菲的理性成瘾理论一样,预先假定因果关系的方向,再对其进行修正,似对非对地解释与理论明显不相符的事实。本体论探究应该成为经济学实践中的一个常规部分。[21]也就是说,在试图回答任何问题时,经济学家应该认真考虑所涉结构和要素,想清楚在较低层级进行解释会增强还是削弱理论的解释力。

第八章

制度经济学

企业的本质不仅在于最小化交易成本，它还是一块保护性飞地，隔绝了竞争性市场中投机行为的影响，因为投机行为很可能不稳定，甚至带有破坏性、毁灭性。

——杰弗里·霍奇森《经济学与制度》

启蒙运动时期的英美思想家对制度持十分怀疑的态度，认为制度阻碍了个人自由的发展。经济学家们也持这种态度，并使之延续了下来。在他们惯常的解释中，制度障碍使得市场无法达到完全竞争，所以就业才会常常不充分。但这就引出了一个问题：那为什么还会有制度存在呢？难道不是像波兰尼所说的，许多制度存在是为了保护社会，使其免受市场的影响吗？另一个问题随之而来，假设制度不存在，对于理论化有什么好处？唯一的好处似乎是可以设定一个制度应该遵循的标准。但是，比方说，假设工资弹性（事实上工资是"黏性的"），并由此得出失业最多只是短期扰动，这样得到的是一个错误的理论描述。

制度主义是经济学对社会学的认可。这一思潮在20世纪头几十年生根发芽，当时的社会发生了转变，原本可以用小公司、个体合同和小国家来理解的社会，俨然已经演变为一个由大企业和工会主导的社会，国家规模和监管范围也在同步扩张。一开始，制度经济学试图分析大型组织对个人行为的影响。后来，在市场逻辑与制度逻辑之间的对立重新得到强调时，它又有所消退。

"旧"制度主义

制度（institution）[1]的定义是"为宗教、教育、职业或社会目的而建立的组织"或"已有的规则和习惯"。关于自利如何在不同的制度环境中发挥作用，经济学家们的说法一直相当模糊。"旧"制度主义的兴趣主要在于理解制度如何改变其成员的行为，就像"总统办公室的分量"改变美国总统行为那个例子一样。赫伯特·西蒙（Herbert Simon，1916—2007）和约翰·肯尼斯·加尔布雷斯（John Kenneth Galbraith，1908—2006）就提供了两个鲜明的例子。

西蒙提出了一个尖锐的问题，这个问题凯恩斯也曾问过：在一个充满不确定性的世界里，什么才是理性行为？人类缺乏洞察未来的认知能力（计算能力），因此在复杂、不确定的情况下做出决策时，只能做到"有限理性"。他们会"满足化"，而不是最大化，试图达到能

---

[1] 英文的institution一词的意义既包括抽象的"制度"，又包括具象的"大型机构"。英文母语者理解、使用该词时，往往并不截然区分这两层意义。

达到的结果中最好的那个，而不是追逐或许存在的最好结果。

这就引出了企业存在的一个解释：企业是在"满意化"环境中协调不同个体活动的手段。企业通过等级制度和忠诚，将一个共同的目标施加给员工。西蒙是这么描述忠诚的："个人用组织的目标……代替自己的目标，将之作为决定其组织决策的价值指标"。[1]研究反复表明，员工会内化其所在组织的目标（或目的）。企业拥有能够改变员工的动机，因此它本身就是一个经济参与者。

约翰·肯尼斯·加尔布雷斯否认消费者拥有主动权，进一步打破了新古典主义的壁垒。他批评了传统的分析顺序，认为不应该从消费者出发，再考虑企业的反应。他的"修订顺序"始于设计新产品和新技术的大公司。它们会进行"市场调查"，以此确定产品的销售潜力，接着其广告和消费金融部门会确保产品顺利卖出。大公司将许多市场活动内部化。企业中的所有关键利益都要考虑，这也就意味着没有谁能够实现自己的最大利益。企业需要规模，这样才能一定程度上控制不确定性，因此生产越来越集中在大公司手中。企业并不进行利益最大化，而是以确保自己能够存活的方式行事。[2]

这种情况下，组织或制度对个体行为施加了独立影响，也就是说因果关系并非都是单向的。用杰弗里·霍奇森的话说，"个人受其制度和文化情况的影响"。这并不意味着人们只是"制度的产物"。[3]西蒙和加尔布雷斯等制度经济学家研究的是社会语法，而不是社会对话。

组织是为了服务于成员利益才存在的，但其施加的行为准则却好像未能最大化成员各自的效用函数，这似乎是个悖论。前面两则非市场协调的分析有助于解释这类看似矛盾的现象，例如军队会牺牲自己去完成绝命之事；企业无法最大限度地实现股东价值。还有，即使会带来失业，工会也仍要争取更高工资。诚然，一张充满了这种主体的地图无法带来一个稀疏的模型。组织的动机没有最大化这个硬性边界，因此其行为结果十分不确定。不过我们需要的不是更好的理论，而是更好的理解。

"新古典"制度主义

20世纪80年代,"新"制度经济学出现,制度主义又回到了新古典经济学。新制度经济学的主要思想是,个体建立制度,以减少"交易"成本(尤其是"信息"成本),即个体在市场中进行交易的成本。新古典主义的逻辑得以完整保留了下来:个体创造制度是为了最大化自身效用。最先提出这一视角的是诺贝尔奖获得者罗纳德·科斯,他在1937年发表了一篇有关企业的开创性文章,反对了当时流行的寡头垄断竞争理论。20世纪70、80年代,新古典宏观经济学击败了凯恩斯主义,科斯的思想才得以流行起来。如今,这些思想已经成了制度微观经济学的正统理论。

企业为何存在?科斯的答案是,它们之所以存在,是为了降低个体单独做生意的成本。他的观点是,当通过市场交换协调生产的交易成本大于将生产内部化的交易成本时,人们就会在企业中组织生产。在市场上进行交易的成本包括发现相关价格、谈判、编写可执行的合同,以及就剩余分配进行讨价还价等带来的成本。[4]

交易成本之所以存在,是由于信息不完全,难以准确获知相关价格以及监督成本。这是因为生产有着时间因素,生产交易通常不像果蔬市场中的交易那样,买卖双方都知道所有产品的价格。在企业内部,管理者负责指导所有生产单位的活动,他们的权力取代了市场交易。科斯的理论还很好地回答了企业规模由何决定的问题。当一项额外成本内部化与市场交易成本相等时,企业就达到了最佳规模。新古典经济学吸收其他分析要素的能力在科斯定理中得到了很好的体现。个人没有完全信息,但企业能控制内部成本,也就能获得这些信息。因此利润最大化的假设得以保留:成立公司时,所有者(股东)将技术权力让渡给管理者,使管理者代表他们实现利润最大化。尽管某种程度上企业是个人最大化地图中的入侵者,但企业仍能满足理性选择的新古典标准。

经济史学家道格拉斯·诺斯(Douglass North,1920—2015)因运用交易成本理论解释导致18世纪经济增长的制度创新而获得诺贝尔奖。制度"是一种安排,它定义并规定了经济单位之间合作和竞争的方式"。[5]与产品创新一样,当创新收益超过创新成本时,经济制度也会创新。诺斯接着解释了英国的产权现代化如何使其走上增长之路。产权现代化使"进步"地主从自身进步中获取利润。他们有利可图,进而又使得私人回报率和社会回报率相等。

虽然英国社会历史学家为"公地悲剧"(即通过"圈地"将农民放牧牛羊的公共土地私有化)哀叹不止,但诺斯称赞它为"转移财产和保护农民提供了便利"。[6]相比之下，在西班牙，皇室并未限制牧人公会（Mesta）驱赶羊群四处穿越的权利。"一个地主精心准备，种植作物，却可能随时会有成群结队的迁徙绵羊践踏、吃掉他的庄稼。"[7]结果就是英国的经济不断增长，而西班牙的经济却停滞不前。诺斯和托马斯未能解释的是，面对国际竞争的压力，尤其是战争压力，西班牙（以及法国和欧洲大部分地区）为何一直保持着效率低下的财产制度。这个问题可以进一步推广：既然技术免费，为何扩散还这么缓慢？

美国经济学家曼库尔·奥尔森（Mancur Olson，1932—1998）认为，就算统治者最初是"流寇"或黑手党，只想榨干一个地方，再去下一个地方（就像农业时代之前的刀耕火种部落一样），可一旦消灭敌人，"稳定"了下来，也会对其领土的经济发展产生"全面"兴趣。强盗稳定下来，经济现代化便与其自身利益相符，能够最大化其长期收入。[8]

科斯、诺斯和奥尔森的解释使经济人处于主导地位，创新制度以最大化效率。因果是单向的：从个体到群体。群体不能改变个体利益，只是确保它以最有效地方式表达出来。

但新制度主义者发现了制度的一个缺陷，这个缺陷使得所有制度都无法稳定地充当个体目的的代理人：这就是"委托-代理问题"（the principal-agent problem）。委托—代理问题是一种道德风险，描述的是人们的激励和责任之间的不匹配。委托人想要最大化某种东西，因此雇佣代理人作为代表行事。这个问题的根源在于委托人和代理人拥有的信息是不对等的，或者说是不对称的。委托人一般不容易掌握代理人的行为，要么是因为代理人的行为无法被直接观察，要么是因为代理人（例如官员或经理）拥有更高级的专业知识——毕竟这很可能就是为什么一开始要雇佣这个代理人。这使得代理人能够肆意追逐自己的私利，牺牲委托人的利益。换言之，委托人有理论上的主体性，而代理人拥有实际的主体性。

新制度经济学常被用来解释国家的行为特征。在凯恩斯时代，关于国家的理论几乎不存在。国家被视为一个仁慈的专制统治者，在专家的指挥下运作。"公共选择"理论（public choice theory）则回归了早期的掠夺性国家理念，虽然现在披上了新古典主义的外衣。与"办公室的分量"塑造公职人员行为不同，这里是公职人员的私利塑造办公室的行为。诺贝尔奖获得者詹姆斯·M.布坎南（James M. Buchanan，1919—2013）等"公共选择"经济学家采用的是标准的新古典主义方法论，他们认为所谓的"公共利益"只是公职人员私利的总和。"办公室"对他们的行为没有影响，他们是在为私利而博弈。

但是民主呢？难道公职人员的私利不受制于他们对选民的责任吗？确实。因为政客（代理人）比选民（他们的委托人）拥有更多知识、更专业、参与度更高。政党被比作追求利润的公司，只想向好骗的纳税人出售无本产品（政策）。正如布坎南所写，"公共选择"学派的主要兴趣在于"研究那些被纳税选民要求提供公共产品和服务的公务人员如何最大化自己的效用"。[9]

根据他们的说法，就国家而言，官员只有实现自己所需的盈余后，才会最大化选民的效用，照顾选民的利益。就公司而言，管理者只有实现了自己的私人目标后，才会关注股东的利益。新古典经济学家通常将这种自我监管职业视为卡特尔，它们会从用户那里获取"租金"。

委托-代理问题一直困扰着新古典经济学，提醒着新古典经济学要谨慎一些，它还传达了一个十分明确的信息：要尽一切可能降低个人直接在市场上交易的成本。它为20世纪80年代的撒切尔-里根私有化政策以及将公共职能外包给私营企业的行为提供了理论依据。这个理论认为，应该让受监管的"准市场"来提供法律体系、学校、医院、住房和交通系统等公共产品，不要让政府机构来做这些事。就连在押囚犯越来越多的监狱（这可是国家权力的经典象征），现在也通过竞标承包了出去。

代理人背离委托人目标的观点严重低估了管理者、官员和雇员对其所在组织目标的自然认同。新古典经济学家认为，解决委托-代理问题的唯一办法是提高代理人的激励，使之不欺骗委托人。例如，2007—2008年的金融危机暴露出欺诈无处不在。在这场金融危机之后，人们说对银行家的激励与诚实交易行为之间要"匹配"。另一个例子是教师薪酬与绩效挂钩。其背后的观点是，除非给予教师特殊的激励，否则他们不会为了学生尽最大努力。这种行为观令人沮丧，它假定诚实和尽责是要靠代价换来的。

新古典对制度反感，导致一些经济学家认为商业和其他组织是市场完善过程中的一个过渡阶段。等市场交易成本降至零，企业的成本优势就会消失。那么科斯理论还剩下什么呢?企业的功能是什么呢?国家的职能究竟是什么呢?可以说,旧式企业正在消失。大数据和计算机技术极大地降低了信息成本,现在数十亿人可以直接"在线"进行交易,而无需制度中介(即机构)。在社交媒体和网上购物"入侵"之前,制度便已经退却了。正如马克思所说,"所有实体都会烟消云散"。激进的社会学家,比如巴西的罗伯特·昂格(Roberto Unger),认为"知识经济"定会带来一个去中心化的世界,小型企业会直接连接到全球性网络之中。[10]

然而,新的个人主义观点尚不成熟。数字技术催生的制度比之前的更不显眼,其活动更加"虚拟",但这并不意味着它们不存在,反而意味着它们可能更大、更强。20世纪70年代曾有一批跨国公司像巨无霸一样横扫世界,它们十分显眼。制度经济学家试图解释其存在和运作方式,但它们可能已不复存在。不过这并不意味着"市场民主"已经取而代之。谷歌、亚马逊、脸书和苹果等新的数字平台夺过了它们的位置,在收集消费者偏好和品味数据方面建立起了准垄断地位,并在商业中利用这些数据获利。为了控制企业对数据的不当利用,国家监管监督不断扩大。"老大哥"(几乎)一直在盯着你,但大多数经济学家并没有发现他,因为他们被自己对于个人主义贸易乌托邦的憧憬迷住了。

&

制度经济学，无论新旧，都对纯粹新古典主义学派那种鲁宾逊式的个体假定进行了极大改进。制度经济学认识到个体总面对着促成合作的情形，这些情形可以用信息"成本"来表述，也可以表达为一个存在主义问题（即不确定性）。博弈论也意识到，博弈（尤其是重复博弈）可能会走向合作均衡，博弈参与者会适应彼此的行为。

然而，新制度主义当前仍然普遍存在于工具主义阵营之中。它完美地说明了新古典经济学技术外壳下贫乏的想象力。信息被视为一种可度量的成本。但是，使人们团结在一起的并不是获取信息的成本，而是独自一人身处不确定世界的恐惧。

第九章

经济学与权力

> 主流经济学家不仅觉得"剥削"和"权力"这些概念无助于解释经济现象,同时也十分不希望在分析中引入这种充满情绪色彩的词汇。
> ——约瑟夫·斯蒂格利茨,《后瓦尔拉斯与后马克思经济学》[1]

权力(如何获得、如何使用、合法性如何)是政治学的主要话题。但在经济学中,权力却明显不见踪影。经济学,至少理论上,一开始研究的就是非强制性关系——市场的自愿交易。政治学和经济学这两门学科讨论的是生活的不同领域吗?即一个是权力关系塑造的政治领域,另一个是自愿契约塑造的经济领域。

传统上尝试将两者结合在一起得到的学科就是政治经济学。但作为一门学术学科,它跟马克思主义联系到了一起;非马克思主义的政治经济学则讲不清楚权力关系和经济关系是如何相互联系的。因此政治经济学研究也就被边缘化了。政治学和经济学这两门学科，还是在各自熟悉的领域中沿着自己的道路往下走。公共政策的大部分重要问题则落在了二者中间的位置。

经济学家忽略了权力在经济关系中的作用，本章正是要针对此种情形进行探讨。这样的忽视是故意的。主流经济学家无视权力对经济的渗透程度，不去探讨现有的权力结构，其实也就是在支持这些权力结构。

对于所有试图谈论权力的人而言，首要挑战就是准确地说明所谓权力究竟是什么意思。最简单的说法是，权力是通过惩罚、威慑来确保某人的意愿得到遵守的能力。尽管权力（power）与权威（authority）这两个概念有所重叠，但它们并不完全一样。权威的形成，是基于人格、头脑、经验或地位等方面公认的优越性。人们普遍认为应该遵从权威。医生是权威，但没有权力。并非所有的权力都非法，一些权力可能是合法的，就此而言，某些人发出命令的权利和其他人执行命令的义务，已被普遍接受。但权力从来都不可能完全合法。权力意味着其持有者的意愿会受到某些或实际或潜在的阻力，这就需要对其加以克服或防范。虽然权威和权力一般是分开的，它们也不可能永远截然分离。我们说"法律的威严"在权力之外或者权力之上，但却无法使人不怀疑"富人有一部法，穷人有另一部法"。

史蒂文·卢克斯（Steven Lukes，1941—）在论及权力时提出过一个极具影响力的说法，他认为我们必须从三个维度来理解权力：钝性权力（blunt power）、议程权力（agenda power）和霸权权力（hegemonic power）。

权力的各种形式

钝性权力（或硬权力）是最简单、争议最少的一个维度，几乎可以肯定地说它是这三个维度中最重要的一个。它就是用枪指着头，用手扼住喉咙，强迫人们做他们自己不想做、但你想让他们做的事。强制程度可能不同，但其基本思想都是一样的。如果你不按我想的来，我就会要你的命，或者让你活得很惨、很难。到目前为止，钝性权力仍是历史上最普遍的权力形式，实际上基本也是军事冲突的关键。克劳塞维茨（Clausewitz）将战争定义为"迫使敌人实现我们意志的暴力行为"。在现如今的国际关系中，战争仍然十分重要，只不过现代战争是各种战争形式的混合体。

顾名思义，议程权力指的是对政治"议程"的控制。它能够将惹人烦的想法排除在决策过程之外。如果一个想法与你的利益不符，你就能阻止人们去讨论他。会议主席会制定议程，还能巧妙地确保会议在讨论麻烦的话题之前就刚好结束。媒体和政党设定了公众讨论的语言和基调，他们决定哪些想法"靠谱"，哪些想法"离谱"。

在希腊债务危机救助期间，国际货币基金组织（IMF）总裁克里斯蒂娜·拉加德（Christine Lagarde）曾称需要跟"房间里的成年人"对话，这是在暗讽时任希腊财政部长雅尼斯·瓦鲁法基斯（Yanis Varoufakis）。她说的是瓦鲁法基斯跟小孩子一样，他提出的债务减免计划"不着边际"。后来，欧洲央行在公投前故意搞垮了希腊银行体系，这无异于给了希腊致命一击。[2]

同样，如果主流新闻媒体拒绝报道某个问题，而主要政党又不想对其施压，那么最终政党对它的兴趣就会消失。人们可能会在街上或酒吧里发牢骚，但牢骚一般不会带来什么结果。移民问题就是一个典型的例子。

当然，试图将问题"抛之脑后"并非完全成功。英国脱欧一事未能进入议程，尽管《每日邮报》（Daily Mail）和《每日电讯报》（Daily Telegraph）一直在支持这件事。保守党在欧洲问题上持续内讧，后来戴维·卡梅伦（David Cameron）和乔治·奥斯本（George Osborne）认为可以通过公投来停止内斗，脱欧公投一事便得以"登场"。类似地，特朗普在共和党初选期间也没有被认真考虑过，但他巧妙把握社交媒体的力量，同时敏锐地察觉到电视新闻对戏剧性（drama）十分着迷，再加上可能利用了一些外部援助，最终也得以"登场"。对于行使议程权力的能力而言，意见分歧是最大的限制。

霸权权力与议程权力有所重叠，我们也称之为意识形态权力。但霸权权力与其说是判定错误想法离谱，不如说是在谱子上填满自己的想法。意识形态权力是隐形的，因此不会激起人们的抵制。卢克斯说它是"控制思想、欲望、信仰和偏好的力量"。[3]法国社会学家皮埃尔·布迪厄（Pierre Bourdieu，1930—2002）和米歇尔·福柯（Michel Foucault，1926—1984）发现了各种"隐晦的控制"。它们深埋于我们的主观性和习惯之下，以至于我们无法真正意识到其存在。[4]政治宣传支持着议程权力和霸权权力，它在短期内左右着人们的观点，在长期则影响着人们的思考方式。意识形态权力是典型的"软"权力。你的顺从是出于爱，而非出于恐惧。虽然卢卡斯、布尔迪厄和福柯的定义略有不同，但都指向这样一个观点：掌权者可以根据自身利益构建我们的价值观和思维习惯。

"胡萝卜加大棒"等刺激因素维持着所有三种权力形式。棍棒明显带有钝性权力的感觉，如今几乎仅限于被国家、黑手党或恐怖势力使用。但所有组织都制定了刺激系统（经济学家称之为"激励"），使其成员与组织目标联系起来。就连霸权（很大程度上是隐形的，通过自己的代理机构产生作用）也有其激励结构。

权力的霸权观点很大程度上是从马克思主义传统发展出来的。马克思认为，意识形态是"虚假意识"。安东尼奥·葛兰西（Antonio Gramsci，1891—1937）发展了这一观点。用葛兰西的话说，霸权"领导着知识与道德"，通过这样的领导，"处于支配地位的、最重要的那个群体给社会生活施加了一个总体方向"。[5]将宗教视为"人民的鸦片"就是这种观点的一个例子：人们用今生的辛劳来换取来世幸福的承诺，因而对自己真正的现世利益视而不见。意识形态权力可以被视为习俗权威（包括宗教权威）的替代品，国际意识形态共同体是20世纪最强大的联结形式。

葛兰西提出了"霸权"的概念，并用这一概念来解释为什么马克思关于工业化国家无产阶级革命的预言并未实现：因为意识形态权力引导着工人阶级支持压迫他们自己的各种条件。1914年，工人阶级政党在支持战争时，将国家置于阶级之上。这件事触动了他，促使他提出了这个理论。

权力的霸权维度是最模糊的。如果看不见它，我们又怎么知道它存在呢？答案是这是一个假说，就像地心引力一样，我们可以用它来解释为什么人们的行为似乎违背了自己的利益。它认为人们看不清，假定他们不知道"真实""客观"的利益何在，而理论家却知道。

在某些情况下，例如当涉及科学事实时，"真实"利益可能是可知的，而不采取相应行动则是盲目的。科学问题中，比如在医学领域中，我们会说医生的权威，而不是医生的权力。就像经济学家在解释人们为何没有按照经济学所期望的理性方式行事时，给人们的行为冠上"非理性"之名一样。在这种情况下，人们未能（像发展出一门真正的自然科学那样）发展出一门真正的"社会科学"，充其量只是得出了一套不全面、不完整的理论。因此，说人们不理性、看不清，这样的说法都是站不住脚的。说"工人阶级"在1914年没有国家观念是完全错误的，他们认为自己是德国人、法国人、英国人、俄罗斯人、意大利人。这就是为什么他们会在战争中支持自己的国家。这不是什么哄骗，这是现实，是纯粹的阶级历史解释忽略的现实。

权力的合法性

人们关于权力应该通过哪些制度来行使的看法,很大程度上影响了对权力形式的研究。政治学认为权力结构主要有三种:自由主义、马克思主义和马基雅维利主义。

1.国家自由主义理论与国家经济理论是一致的,且二者一同发展。国家权力是钝性权力,但它受到社会契约的严格限制。所谓的社会契约终结了"自然状态"。这样一来,国家权力便受制于契约。国家有其权利和义务,公民也是如此。只要国家遵守契约,其权力就是合法的。对自由主义者来说,否认国家对市场的控制权至关重要。他们认为国家的权力仅限于确保市场参与者"诚实守信",仅限于惩罚欺诈、防止垄断。孟德斯鸠(Montesquieu,1689—1755)和托克维尔等社会学自由主义者强调应该在宪法中规定权力及其中间机构的分离,以此作为抵御专制权力的堡垒。议程权力和霸权权力不在自由主义图景之中,因为自由主义认为国家除了强制权力之外,没有其他任何权力。

2. 马克思主义的阶级权力理论不仅仅反映其对于资本主义历史的看法，更反映了其历史观。社会组织总是由一个主导阶级根据自身目的塑造出来的，不管其目的是军功还是战利品，二者间有着密切的联系，并且都涉及在盛行的主流生产模式（奴隶制、农奴制、"工资奴隶制"）下剥削劳动阶级。这一理论的基础一直是生产资料的阶级所有制。在资本主义社会，资产阶级对资本拥有所有权，因此阶级权力由资产阶级行使。这基本是一种钝性权力：工人要么接受资本家给出的工资，要么就等着饿死。同时，霸权力量也作为一种强化手段而存在，对生产资料的控制包括了对思想生产的控制。马克思写道："在任何时代，统治阶级的思想都是主导思想……占支配地位的物质关系使一个阶级成为统治阶级，主导思想不过是这些物质关系的理想表达；因此，主导思想是处于支配地位的统治阶级的思想。"阶级权力本身是非法的，因此通过革命来夺取权力是必要的，这是通过废除阶级来废除权力的前奏。[6]

3. 马基雅维利（或犬儒主义）的精英权力理论。经济学家、社会学家、政治学家维尔弗雷多·帕累托（Vilfredo Pareto）认为，马克思所设想的争夺控制权力的社会斗争，只不过是在位精英和在野精英之间的权力斗争。他写道："大多数革命唯一的重要结果是一组政客被另一组政客取代……你扮演绵羊，就会遇到屠夫。"[7]精英权力和阶级权力一样，依赖于钝性权力和哄骗。

经济学家如何对待权力？

新古典主义经济学家总将经济当作一个不受权力影响的领域，只有市场垄断是唯一公认的例外。这与马克思主义者不同，因为马克思主义者只将市场垄断视为资本所有权垄断本质的极端情形。经济学家将市场建模为竞争性市场，隐去了其中的权力。

垄断者指的是购买量或销售量足以影响商品价格的人。按照自身意愿提高价格的能力是一种权力。如果你是唯一的供应商，那么你可以很轻易地说，"我说什么就是什么"。亚当·斯密认识到垄断是市场的内在趋势。他写道："同行业的人很少聚在一起，但只要一聚，就算开始是为了取乐和消遣，最后谈的也会是对公众不利的阴谋，或者是密谋要提高价格。"[8]

斯密知道，一旦某些市场参与者是垄断者，拥有控制价格的权力，那么有效配置的理论就会完全崩溃。比方说，如果有人垄断了水资源，那么不仅流向供水者的钱会超过维持供水所需的资金，为了价格能够进一步抬高，供水本身也会受到不必要的限制。此外，市场垄断大大增强了政治游说的力量。如果一个行业中有很多公司，那么任何一家公司通过政治游说为行业创造有利条件，带来的好处大部分会流向其竞争对手，因此不会有人去进行游说。然而，在垄断行业里，垄断者会获得所有好处。

经济学家在建模垄断时没有什么问题，垄断就是市场只有单一买家或单一卖家。然而，他们阐明立场时，选择将垄断在经济生活中的地位降至最低。教科书总是从竞争市场的模型出发，然后再介绍垄断理论。这是因为自斯密时代起，经济学家就把垄断视为一种缺陷、一种不完美的情形，人们所要的是与其对立的情形。经济学建模的规定性或规范性特征在这此处一览无余。

即使是那些信奉自由放任的政府，也与斯密一样攻击垄断，会对大摇大摆的垄断者采取果断行动。最著名的例子是美国的《反托拉斯谢尔曼法案》，这一法案导致标准石油公司（Standard Oil）于1911年解体。最近，这种强硬的反垄断手段不再盛行，特别是在监管经济学领域。与其通过实际竞争削弱垄断力量，还不如用威胁来制衡它。在一系列假定成立的前提下，就算市场上只有一家公司，这家公司也可能非常担心会出现新进入者，因此它会像在竞争市场中一样行事。

一般的观点是，如果市场是可竞争的，那就不可能存在市场力量（或市场权力）。这一观点最为有力地支撑了市场主导的全球化。理查德·库珀（Richard Cooper）写道："在全球性的竞争环境中，广泛的经济能力为各方带来了很多选择。同时，替代品的存在会使参与者难以达到其合意目的，除非它在客户眼中表现良好。"[9]这是一幅高度理想化的全球体系图，在这一体系中，大公司可以分配市场，选择投资地点，自由转移资金。此外，通过使用转移定价（即以虚高价格从子公司采购），它们还可以选择在任何地方纳税。[10]对于这些滥用竞争的行为，大多数经济学家只有一个解决方法：更多竞争。

寡头垄断是一种更常见、更复杂的市场力量：市场由几家而不是一家大公司（例如汽车、石油、电信、航空）主导。每个企业都知道，自己任何一个定价或产量决定，都可能引发其他公司的反应。握几次手，就可以变出一个卡特尔。如果这些大公司合作起来，那就相当于一个垄断厂商了。这样的合作甚至不一定是公开的：因为企业都害怕陷入报复性价格战，所以可能会在定价策略上达成某种默契。然而，卡特尔现象也不在经济权力研究范围内。就说一点，它很难建模：价格是不确定的。因此，经济学家会说，由于存在欺骗的经济激励，卡特尔迟早会崩溃，生产者最终会进行竞争性的策略博弈。但这种价格战在实践中似乎并不多见：在许多行业中，寡头垄断定价表现出了显著的稳定性。[11]

完全垄断在现代经济中相对少见。更常见的是学生们学到的市场权力的最终形式：垄断竞争（monopolistic competition）。1933年，爱德华·钱伯林（Edward Chamberlin，1899—1967）首次提出了**垄断竞争**的概念，后来琼·罗宾逊（Joan Robinson，1903—1983）对其进行了扩展。垄断竞争的意思是，虽然企业不可能绝对垄断其销售的产品，但它们可以建立品牌垄断。耐克并没有垄断所有的运动鞋，但确实垄断了耐克运动鞋。因此，只要有足够多的人觉得"那个勾"值得花钱，耐克就获得了一定的权力，有了一定的位置。

要建立这种部分垄断，企业必须将自己的产品与竞品略微区分开来，找到某种优势，也就是营销人员所说的"卖点"（USP）。找到卖点的公司可以在完全竞争企业的要价基础上加价。[12]这样的画面看起来开始有点像是现代经济了。不过很可惜，除了勾勒最基本的理论线条之外，很少出现进一步的详细讨论。

为了讨论的完整性，我们也应该说一下买方垄断权力。这种情况是说市场由单一买家主导。英国的国民医疗服务是一个很好的例子，国家购买了90%的医疗服务，结果带来了消费者剩余：消费者的健康支出少于他们能付的钱。劳动力方面也可能存在类似的情况。国家对警察、教师和护士等行业拥有高度的垄断权力，就像在劳动力高度专业化的行业中的垄断厂商一样。

对垄断保有敌意是个好传统。但是，主流经济学将市场体系建模为一个由原子式"主体"组成的、能够自我约束的领域，无视了现代市场的实际结构。现代市场中，起主导作用的是大公司、数字平台、广告商和政府，有时还有工会。也就是说，大多数经济学家最小化了市场体系中的权力问题。

马克思认为雇佣劳动天然会涉及权力关系，标准经济学用市场的可竞争性来回应马克思这个想法。这个回应说的是，假如面前只有一份工作，那马克思的说法就是正确的；如果有多份工作可供选择，那这个说法就不对。不过即便有多个选择，退出仍要付出代价。问题在于，退出成本要多高，工资合同才能被视为强制性合同。社会民主的观点是，如果没有一些措施来平衡雇主在市场中的权力，那合同就完全是强制性的。这便是工会、最低工资立法和福利待遇存在的理由。但是，新古典主义叙事主要讲的却是工会、最低工资法和福利国家如何通过市场"逼走"工人。

但是，学生们在课堂上首先学到的仍是竞争性市场中价格如何确定，然后再学垄断或寡头垄断定价，这一点强烈表明主流经济学将后者视为偶然、暂时的情况。学生们还大量接触对市场力量存在条件的质疑，听到的多是竞争总会占得上风：卡特尔会瓦解，进入者的威胁会约束在位者。相比之下，老师还总是鼓励他们不要去太过考虑竞争的例外情况和存在条件。"市场缺陷"的说法支撑着这种做法。从修辞上讲，完美市场是默认情形，其他的都只是在调整模板，以更好地反映现实。将竞争性市场无法存在的情况叫做"市场失灵"，就像将一座木结构建筑倒塌描述为"木材失灵"：其实失灵的是经济学家和工程师。

这个错误很容易被识别，但很难被根除，因为科学经济学从一开始就存在这个问题。解决办法是从另外一端开始：接受市场通常不会满足，也不能满足所需的效率条件，同时，指明会满足且能够满足这些条件的特殊情况。换言之，我们要建立一个关于市场的一般理论，把有效市场作为其中的一个特例。我认为这正是凯恩斯想做的事，他将未竟之业留给了我们。

此外，主流经济学只研究和担心一种特定形式的经济权力——市场中的权力，这样就不会关注权力在市场之外如何行使。在市场之外，权力可以影响政府的经济政策，也会影响消费者的品位、偏好和价值观。

经济学在权力体系中的角色

凯恩斯在《通论》的结束语中写道:"经济学家和政治哲学家的观点,无论是对是错,都比人们通常所想的强大得多。事实上,世界几乎只受这些观点支配……我确信,相比于逐渐渗透的观点,既得利益的力量在很大程度上被夸大了。"[13]凯恩斯不仅区分了思想和既得利益,还主张思想独立于既得利益。但凯恩斯不会否认思想是权力之源,但他会称之为利益无涉的权力;更准确地说,思想是权威的来源。主张经济学独立于阶级利益,关键在于主张经济思想是学术产物,而不是商业游说的产物。纯粹的研究长期以来一直被认为是一种独立的智力追求,其标志是无涉利益,其目的是寻求真理。学者们的金钱利益与他们的研究方向或研究结果都没有直接关系。

进一步,根据凯恩斯的精神,可以认为经济学的议程是由经济学家设定的,而不是由"既得利益"设定的,经济学的主导思想并不直接受制于权力。正如我们所说的,经济理论的概念、技术和语言都表现出了时间上的稳定性,这也就是为什么范式转变很难适用于它。

的确，时代条件会影响经济理论，带来了约翰·希克斯（John Hicks，1904—1989）所说的"注意力聚集"。20世纪30年代的持续失业催生了凯恩斯主义革命，20世纪70年代的通货膨胀产生了货币主义。对这些事件的理论解释无法简单与既得利益联系起来。但是，即便我们承认思想是独立的权力来源（我们必须如此），思想是否就能独立于既得利益呢？

琼·罗宾逊写道："一直以来，经济学（这是大学和夜校讲授的科目，在主要文章中也会涉及）在一定程度上就是各个时期统治意识形态的载体，也在一定程度上是科学调查的方法。"[14]那么问题出现了，为什么学界产生的一些想法被认为是可接受的，而另一些想法却被边缘化了？世界可能是由思想支配着的，但这并不意味着它会受到任何思想的支配。我们仍然需要问，是什么让一些经济思想站稳脚跟，却让另一些步履维艰。

在自然科学领域，能否站稳脚跟取决于科学性高低，物理学和化学比生物学更注重这一点。因此，量子物理学取代了经典物理学。[15]现实是不变的，但理论会随着我们对现实的理解而改变。社会科学领域就不一定如此了。自然界并不会影响人们对它的观察，但社会世界会。将社会科学与自然科学区分开来的，正是研究对象的可变性。因此，社会科学中的命题无法符合"普遍性标准"，证实和证伪都很少能成功，最多是一时的。

从这一点可以看出，与物理学相比，经济学的研究议程更多地反映了非科学利益。因此，我们不能不问以下这些问题：是谁在为产生经济思想的机构提供资金？是谁在为思想的大众传播途径（如媒体、智库）提供资金？就算是在一个言论"自由"的社会里，思想的生产者、传播者和推广者各自的动机又都是什么？

经济研究的资金主要由政府和企业提供。为了论证，我们假定政府对公共利益感兴趣。它为改善社会福利的经济知识生产买单，且不直接干预（或者直到最近才干预）研究内容。

企业则并非如此。凯恩斯所论最典型的"既得利益"便是在于企业。很多经济活动都是由企业支付的。我们可能会指出，"伦敦金融城的经济学家"（银行分析师、金融记者等）在宣传粗糙的自由市场正统观念方面拥有巨大影响力。即便是学术经济学家，也在"咨询"领域干着利润丰厚的副业。经济学在资金来源的结构上更类似于工程学和药物学，不像社会学和历史学。

经济学是唯一一门有诺贝尔奖的社会科学，与众多硬科学并列在一起。拥有诺贝尔奖被视为对一门真科学的最高赞誉。历史学、政治理论、社会学都没有诺贝尔奖。然而，经济学诺贝尔奖是由瑞典央行资助的，而瑞典央行并非什么中立的技术机构，不比其他央行更中立。[16]因此，我们可能要问：企业资助经济研究，为的是什么样的利益？

马克思主义对资产阶级经济学的批判

马克思主义者给出了一个明确的答案。马克思写道:"知识生产随着物质生产的变化而相应变化,不正是思想史所证明的现象吗?"[17] 马克思主义者指控的是,资本主义社会的掌权者控制媒体、政治和教育系统,从而生产出一连串思想观念,引导工人阶级做出符合掌权者心意的行为,但这些行为与工人阶级的客观利益却背道而驰。

具体来说,这些思想观念促使工人接受与自身利益相违背的工作安排、工资、债务合同、生活方式和消费形式。马克思主义者说,经济学是为资产阶级的利益服务的,它披着科学外衣,掩盖自身本质。所以人们不会将其与意识形态或政治挂钩,而是认为它与物理、化学一样,反映着客观事物。中央银行的独立性政策在很大程度上是基于人们接受了经济学是一门科学这件事,认为中央银行的决策本质上是技术性的,而非政治性的。这样的情况当然不会是巧合。在资本主义社会中,人们常认为技术官僚统治集团超越了"阶级",其统治是以整个社会的利益为基础的,但这种思想受到了马克思主义传统的强烈挑战。德国社会学家沃尔夫冈·斯特雷克（Wolfgang Streeck）写道，资本主义和民主"无论是分开看，还是组合起来，都是由阶级和阶级利益的特定结构在历史进程中演化而来的，驱动其形成的不是智慧设计，而是阶级政治能力的分配"。[18]凯恩斯主义革命就代表了日益组织化的工人阶级和处于守势的资产阶级之间的一种权力平衡。[19]

图4　《参议院的老板们》（约瑟夫·克普勒，1889）

我们已经提到，经济学很大程度上不能说是一门硬科学，其大多数主张既不能被反驳，也无法得到证实。这样的话，那经济理论就是披着科学权威外衣的观点。我们信任医生，因为他们背靠科学依据，尽管米歇尔·福柯等一些权力理论家认为医疗系统一定程度上是社会

第九章　经济学与权力

控制的工具。[20]经济学家也想要有医生的权威,可他们背后却没有医学作为支撑。

不过马克思主义的批判只说对了一部分,因为权力和思想之间的关系不是简单的"基础与上层建筑"的关系。经济学有自己的议程,而且实践者(政客、商人、公务员等)是思想的消费者,而非生产者。这给了思想的生产者(相较于用户而言)很大的自由。就算既得利益者有能力,他们也无法决定是什么样的知识维护着他们的偏好。因此,经济学家对自由市场的解释,可能比商业阶层提出的解释更具一般性,也更具约束性。例如,保护主义和垄断几乎总是受到经济学家的反对,但商业部门却往往对其大力支持。

还有一点,那就是思想上层建筑的基础并非统一整体。实践中通常根据对立利益将其进行划分,例如在经济生活中,这样的划分出现在出口商和进口商之间、债权人和债务人之间、金融和实业之间。我们看到美国有这样一种很显著的现象,一个商业阶级需要依靠国防,也要依赖国家的一些研究来实现自身发展,因此这个阶级对国家的意识形态敌意逐渐被颠覆了。

此处的关键在于权力如何分配。国家与既得利益者之间、相互竞争的政治与社会团体之间、资本家与工人之间这些权力结构是否平衡?权力越平衡,经济学在解释经济运行方式时,就越不可能讲出单一的故事。大约从20世纪20年代到70年代,资本和劳动力之间的权力平衡促成了社会妥协的政策。在过去的40年里,权力已经从旧的工人阶级转移到了那些出身、财富和教育水平更高的人身上,从旧企业转移到了新的金融精英身上。

出于这些原因,经济观点和政治观点之间从来不是1:1的关系。这使经济学等社会科学相对独立于政治力量,因此保留了其权威。但在马克思主义看来,这种距离并不绝对。

经济学相对自主,但它至少有三种方式可以为商业利益服务。第一,经济学可以将科学权威注入商业利益,减少人们对自利的偏见。实践者最喜欢用科学语言掩饰自己的偏见,这样的语言能将纯粹的观点说成是天然事实。

第二种影响是通过议程权力施加的。约翰·肯尼斯·加尔布雷斯写道:"在为现代企业辩白的诸多说法中,最重要的莫过于权力不存在的论点。所有权力都交给了客观运作的市场。"[21]他解释道:"这种观点会取信于年轻人,再没有什么比这更有用了。"

> 现代企业的兴起集中了经济权力,可以与现代国家一较高下……国家在某些方面希望监管企业,但企业逐渐壮大,则会尽力避免此类监管。当涉及自身利益时,企业甚至企图左右国家。[22]

经济学将经济生活建模为竞争市场中的个体最优化行为,因此人们很难看到不如完全垄断那么显眼的权力。例如,剥削性工资指的是低于劳动产品边际价值的工资。但在竞争条件假定之下,劳动会获得其边际产品价值,因此剥削是一种病态,而不是马克思所认为的固有属性。

类似的还有主流经济学对待广告的方式。主流经济学家认为，理性的消费者在竞争激烈的市场中根据自己效用的最大化来决定购买什么。在这样的模型中，广告无法改变偏好。他们还认为广告仅仅是在支撑偏好或向消费者提供信息，掩盖了广告是一种权力表达方式。如今，云存储（Cloud storage）这种计算机网络无形中影响着主体年轻用户的品位、想法和购买行为，可是主流的市场支持者却基本忽视了这一现象。

第三，经济学不仅将营销塑造消费者选择的作用排除在自己的研究议程之外，还为积极的政治计划提供"科学"支持，以此来支持主导的权力体系。当前最明显例子是，主流经济学与某些政治方案保持一致，支持削弱国家在经济中的作用。

主流经济学的具体主张包括以下几点：市场体系会确保商业领袖的报酬不超过其价值；连失业的人都能从全球化中获益；经济衰退时政府赤字会让局面恶化；金融在经济体系中只是中介，并非角色。在特定情况下，这些命题都可能正确，或者部分正确，但将它们推广为普遍规律则会带来损害。

弗里德曼曾在论述科学和意识形态之间的关系时，留下一个天真得可爱的描述：

> 在我的整个职业生涯中，我一直认为自己有点精神分裂……一方面，我对科学本身感兴趣，我努力不让自己的意识形态污染我的科学工作（我希望是成功的）。另一方面，我又对各种事情的发展深感担忧，我想影

响这些事,使人类更自由。很幸运,这两方面的兴趣对我来说是完全相容的。[23]

弗里德曼在悬崖边望了一眼,急忙退了回去。然而他所有的"科学"工作,都是为了证明政府干预经济是无用功。弗里德曼认识到科学和价值观协调起来可能存在问题,这值得赞扬,因为大多数经济学家完全无视了这一点。

&

意识形态和经济学之间的关系很复杂。我们并不是说意识形态扭曲了某个论证的结论,而是说意识形态干扰了论证,或者说"建模"的方式,例如核心假定(均衡、优化)、选择研究什么问题、什么相关变量、什么数据、什么模型——简言之,影响的是经济学家们执行的研究计划。通过这种方式,经济学会表现出强烈的意识形态倾向,同时又坚持公认的科学研究准则。科学的方法能够保护经济学,让人们不能说它存在意识形态偏见或者屈从于权力。

经济学还没有找到一种方法来给权力建模。但还有更糟糕的,新古典经济学为新自由主义的政治纲领提供了智力支持。经济学是将乔·厄尔(Joe Earle)、卡哈尔·莫兰(Cahal Moran)和扎克·沃德-珀金斯(Zach Ward-Perkins,后危机经济学社的创始成员)所谓的"经济统治"(econocracy)黏合起来的水泥。经济统治指的是一个由技术官僚机构（如央行、财政部、大银行和企业）组成的网络，它们从无能的政府手中夺过了对经济的控制权。[24]正是由于这些原因，经济学改革不仅仅是学术上的自我放纵。

经济学不善于处理权力，是因为其现实地图上缺乏制度。在它的地图上，唯一的参与者是最大化目标的个体。真正的经济学应该从制度（阶级、组织和社会规范）出发，尝试阐明这些制度如何塑造个人选择。反对意见在于这种方法无法用数学建模。想要用数学建模，首先需要严格的先验知识，才能推出精确的定量结论。如果你用别的方法——神啊！那你就掉进政治经济学里了。对于这一异议，凯恩斯做出了一个在我看来无可争议的回应：在公共政策问题上，近似的正确好过精确的错误。

第十章

为什么要研习经济思想史

> 与其说经济学像科学，不如说它更像艺术和哲学，它在使用中创造自己的历史。科学史是一门迷人的学科……但它对一线科学家来说，并没有经济学史对一线经济学家那样重要。
>
> ——约翰·希克斯，《经济学的"革命"》[1]

研习经济思想史，主要是为了质疑经济学知识不断累积的说法。主流经济学认为经济学是人类进步的一部分，以往有用的经济学知识都被当前的理论囊括了。其实，自"科学"经济学登台以来，经济学中的争议便从未休止。我认为，原因在于经济学定理总与常识相悖，但却无法被反驳。

然而，经济学知识不断累积的说法从前就一直存在。"这些观点和学说在很久以前就已经被推翻了，研究它们是要干什么呢？又有什么用呢?"19世纪初,J. B. 萨伊（J. B. Say,因萨伊定律而闻名）便曾发出此问。"试图复活它们,纯粹是徒劳的迂腐做法。一门科学越完美,它的历史就会越短……对于错误,我们的责任不是使之复兴,而只是忘记它们"。[2]要是萨伊知道现在的学生还在学习他两年前提出来的"定律",是会深感荣幸,还是会惊骇不已呢?

又过了一百年,罗宾斯说:"可以肯定的是,旧框架之下的东西,都能在新框架中得到合适的体现。"唯一的区别是"现在我们确切地知道每一步之中知识的局限与含义"。[3]当今时代,乔治·斯蒂格勒也曾问道:"经济学的过去是否有用?"并得出否定的结论:"一个人要想掌握当代的经济学……无需去读经济学史。"[4]

诺贝尔奖获得者保罗·克鲁格曼通过类比非洲地图绘制的演进,对"新""旧"经济学之间的关系提出了一个更让人赞同的观点。随时间推移,地图上非洲海岸线绘制得越来越精确,但代价是内部细节（有些是虚构的）绘制得不那么精确了。制图技术的进步"提高了数据有效性的标准"。经济学也发生了类似的事情:

> 严谨性和逻辑性标准的提高大大提升了对于某些事物的理解水平,但也导致人们在一段时间内不愿面对尚无法达到新技术标准的领域。从前研究过的领域（尽管研究得不完美）,现在却成了一片空白。渐渐地,要经过很长一段时间,这些黑暗区域才会被重新探索。

简言之,"一时的无知可能是进步的代价"。[5]就算一时（多久呢?）

无知，经济学史也是一个进步的故事。最终这片领土会被人们用更好的地图"重新探索"。

在过去30年里，几乎所有经济学系都听从了罗宾斯、斯蒂格勒和克鲁格曼的话，删去了经济学史的课程，可能只留下最开始的一节课，对思想史做一个简要的概述。根据他们的观点，所有原始公式都得到了改进，所有的"错误"都被过滤掉了，现在留下的，只有正确的科学理论陈述。学习经济学史，就像在一个堆满古董小玩意的阁楼里翻来找去，挺好玩的，但没什么用。这样的观点也让人们怀疑翻箱倒柜的人无法胜任科学工作。

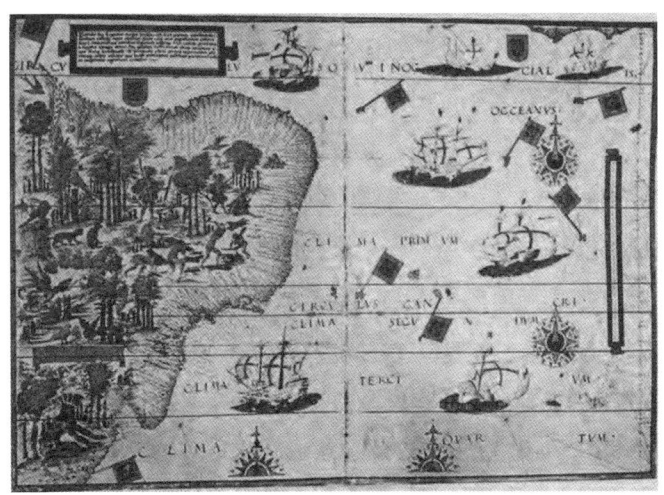

图5 《米勒地图集》之巴西（1519）。请注意该图对内陆的详细刻画，相比之下，描绘沿岸特征和定居点时则缺乏细节。有人认为，这张地图有其政治目的：葡萄牙制图者试图用地图上巴西模糊的外轮廓来暗示环绕巴西航行很难，从而阻止西班牙的殖民野心。

这些想法背后的问题是:"当代经济学"是否是最好的经济学?大多数经济学家未能预见2008年危机的可能性,这一点便可能反驳了支持者。若真是这样,那么学生们就不能,也不应该相信当代经济学是最好的。过去的一些经济学,可能可以更好地解释当前我们感兴趣的问题。有人甚至可能会说,经济学家手头的知识存货一直在折旧。例如,以前经济学家对银行业和金融业的了解比今天要多,尽管现在的经济学家用了更严格的方法来"做"这个领域的研究。

一个知识,以前没用数学表述,现在有了,这并不一定是进步,因为大量有用的知识可能在翻译到数学的过程中永久丢失了。斯蒂格勒确实给出了研习经济学史的一个理由,那就是能够更好地理解一门科学是如何发展的,尤其能更好地理解"一门科学的知识内容与科学家的组织和所处环境之间的关系"。[6]研究这种关系,可能可以揭示出维持而不进步、生存而不进化的秘密。

方法论之争

经济学史的特点是学说众多，但方法持久不变。边际革命是一个重要的"范式转变"（关于"范式"的解释请见下一节）。19世纪最后25年，经济学的分析法从生产费用价值论转向主观效用价值论，这个转向使得对手学说要么被削弱（比如制度经济学），要么直接被经济学除名（比如马克思主义）。经济学知识不断累积成为一种"官方"说法，便剔除了"异端"学者和"异端"学派对主流经济学研究方法的持续批评。我们会重点关注这些批评。这些攻击主要针对的是不真实的行为假定（经济人假定）、过度形式化和过度抽象（比如近乎强制性地要求使用数学）、对经济学定律普遍有效的主张，以及要求宏观经济学应基于个体优化行为的"微观基础"。

自科学经济学诞生之日起，非主流的学者就认为，经济学中有太多理论是没有很好地考虑事实就做出的概括。也就是说，这些理论缺乏归纳的基础，完全来自"内心的理解"。西斯蒙第（Simonde de Sismondi，1773—1842）写道："人类应该警惕所有会导致我们忽视事实的思想概括。"理查德·琼斯（Richard Jones，1790—1850）的座右铭是"去看、去了解",而不是"去了解、去推理"。克利夫·莱斯利(Cliffe Leslie,1827—1882)说:"经济学家不去调查实际的动机,而是构建了一个虚构之人,渴望财富、厌恶劳动。"亨利·西奇威克(Henry Sidgwick,1838—1900)也提出了批评,认为不应"从一两个一般假定出发,简单推导",就来解决所有实际问题。威廉·贝弗里奇(William Beveridge,1879—1963)称经济学为"中世纪逻辑的活化石",经济学家"谋生的手段,就是理解彼此的定义,然后加以抨击"。[7]

惊人的不仅是众多批评的相似性,还在于这些批评的持续性。总体而言,经济学家并不太在乎别人批评他们的理论不现实。典型的回应是:理论越抽象,也就越现实。

诺贝尔奖得主华西里·里昂惕夫(Wassily Leontief,1906—1999)抨击了数学在经济学中"几乎是强制性"的使用。1970年,他在美国经济学会的演讲中说:

> 总想将论点浅薄的实质内容藏在可怕的代数符号背后……在其他实证研究领域中,还没有哪门学科使用过如此庞大而复杂的统计,却得到如此平淡的结果……这些[模型]中的大多数都……没有实际的用处。[8]

在同一场会议上,英国经济学家弗兰克·哈恩也说道:"无可否认,这么多人不断改进经济状况的分析方式,可他们分析的这些状况,却没人能说会发生或是已经发生。这真是可笑至极。"[9]另一位演讲者哈里·约翰逊指出，计量经济学所基于的"假设检验"，"其实通常只是一种好听的说法，实际上就是拿一些看似可靠的数字，弄一个仪式，来支撑基于先验理由而选择和辩护的理论"。[10]

来自不同学派、政治背景不同的经济学家，如弗里德曼、科斯、罗宾逊、克鲁格曼和斯蒂格利茨，都抱怨过数学太多的问题。并非如一些主流捍卫者讽刺的一样，说都是非主流的学生不愿意或没能力掌握数学。那些完全能够达到数理经济学技术要求的学生，在理解现实世界时看到数学设置的障碍，也都退缩了。

19世纪著名经济学家约翰·斯图尔特·穆勒一直认为，如果经济学的结论要有任何价值，那它必须得是一门广泛的学科，他称之为社会哲学的一支。沃尔特·巴吉霍特（Walter Bagehot，1826—1877）、约翰·肯尼斯·加尔布雷斯和许多其他人都赞同这一立场。许多批评者反复否认经济学发现了普遍有效的"定律"，但这些攻击并未在经济学中留下多少痕迹。19世纪德国的历史学派提出了一个观点：经济学说的有效性取决于环境。这个观点十分重要，但现在却被大家忽视了。一个"定律"，在某个时间地点有效，可能换一个时间地点就相当无效。这里有一个很重要的政策含义：某一时期对一个国家或社会有利的政策，在另一个时期可能反而有害。

"阶段"（stages或stadial）论就是这种想法的一个变体说的是社会经历了几个不同的发展阶段，产生了几种不同的经济体系，各个经济体系在其所处的阶段中才是合理的。一切都取决于在事件流中所处的位置。古希腊哲学家赫拉克利特说过："你永远不会两次踏入同一条河。"最早的发展经济学学派（见第3章）在屈服于普遍论的观点之前，就完全依赖于这种阶段论。亚当·斯密说得很清楚,他的经济学只适用于经济史的最后阶段,即"商业"阶段。可他的追随者们却忘记了这一点。

最优秀的经济学家知道他们的"普遍规律"受特殊条件的约束。但是,无保留形式的定律陈述,比带着限制的陈述留在公众心目中的印象更为深刻。要求宏观经济学有适当的"微观基础",是20世纪70年代反对凯恩斯主义经济学的一个部分。凯恩斯的经济学是基于储蓄、投资、产出和货币这些总量之间的关系。他的微观基础是"动物精神"和"习俗",这些都是非正统的。相对地,新古典主义传统复兴之后,则主张宏观经济学应该基于企业和个人的最优化行为。正如我们所见,这样的基础排除了持续大规模失业的可能性。

这只是经济学史上方法论之争的一个例子。方法论的争论,并未随着时间的推移而变得与我们不相干。批评主流经济学的,都是学科内外最优秀的学者。但这些批评大多或被搁在经济学的边缘领域,或被其他学科所拾起。

皮耶罗·斯拉法(Piero Sraffa,1898—1983)解释了通过忽视和隔离来达到同化的策略:

> 总会有一些人抵挡不住内心怀疑的压力,公开站出来质疑;紧接着,为了防止丑闻蔓延,他会立刻被禁言,而他的反对通常会获得一些让步,部分得到承认,被承认的那部分自然是已经隐含在原有理论之中的。随着时间的推移,限定条件、限制和例外堆积如山,就算吞不掉整个理论,也已盖过了大部分。如果它们总体没那么容易被看出来,那是因为它们都散落在了脚注里和文章中,小心地被相互隔离开来。[11]

范式与研究纲领

为什么非主流的持续批评对主流的影响如此之小？答案在于知识范式（intellectual paradigm）和研究纲领具有极强的持续力量。主流方法论之所以持续存在，最重要的原因是，它得出的结论天然不容易被证伪（见第5章）。这块奠基石之上又建立起了一套几乎无懈可击的防御系统，保护主流经济学不受批评。托马斯·库恩和伊姆雷·拉卡托斯描述过这些防御手段发挥作用的方式。他们认为，这些防御手段适用于所有科学，但经济学受益尤其大，因为它声称自己接近于自然科学。

在所有科学中，范式在一定程度上都会持续不变，因为新人在从业之前都会被"灌输"这种范式。范式提供了一个稳定的概念框架，在科学上可能是有用的，不过也许最重要的是能够保护已有从业者的地位。"正常"的"科学"研究方式一旦建立起来，就会发展出强大的持久力，无论其科学主张受到多少质疑。在经济学中，情况更是如此，因为证伪几乎不可能，既得利益集团又风头正盛。

我们从托马斯·库恩对范式持续性的解释出发谈起。范式是一种研究科学的方式，它与科学界的心理和等级制度紧密相连，同时又具有足够的开放性，可以让圈内的研究者发挥自己的技能，研究各种问题。范式将研究者引向要研究的问题，并为其提供研究所需的概念工具和实验方法。范式是科研的"正常"方式，任何系统性研究都需要它。重大的科学变化并不发生在框架之内，却会使整个框架发生变化，库恩称这种变化为"范式转变"。

对范式的威胁并非来自实证中的异常现象，而是来自世界观的变化。异常现象一般可以当作有待研究的"谜题"，与现有范式隔离开来，但世界观的变化会使这些谜题看起来完全不可接受。科学的制度地图与需要解决的问题之间出现了不匹配，越来越多的研究者忙于解决范式无法处理的异常现象，危机就此产生。最终，新的范式被提出。一开始，新范式会遭到学界其他成员的抵制，但它会慢慢地占据上风。当年轻一代接过手，革命就完成了。[12]

自然科学中有两个著名的例子，分别是哥白尼革命取代托勒密天文学，以及用气体取代燃素来解释燃烧现象。在经济学上有什么类似的例子吗？也有两个。一个是19世纪70年代主观效用论对生产费用价值理论的攻击；一个是20世纪30年代凯恩斯主义经济学对瓦尔拉斯一般均衡理论的攻击。这两次都是部分转变。

经济学转向边际主义，并未动摇市场自我调节的核心理念，但确实摧毁了从前通过阶级和组织等结构来分析经济生活的方法。而在上段所说的第二个例子中，尽管凯恩斯本人认为持续大规模失业是对瓦尔拉斯一般均衡的反驳,但正统派却将其视为瓦尔拉斯一般均衡的特例(即工资与价格具有黏性),这样一来就可将其纳入主流之中。边际革命对经济学的影响比凯恩斯主义革命的影响更加持久。

拉卡托斯对持续与变化的解释没有库恩的那么引人注目。他在论述中区分了"研究纲领"中不变与可变的要素。同一纲领下,研究人员会共用一套基本的公理假定,会有一套公认的实践操作方式,用于提出理论、确认理论(启发法),最后还有一个"保护带"(可变元素),实证研究便在其中进行。承认"摩擦"就是保护带保护均衡这个硬核学说的典型策略。如果防护带中失败的预测太多,那研究纲领最终便会退化。

保护带的功能是保护硬核,使之不会过早被推翻,就像生物体会有免疫力来抵抗感染。举个例子,哥白尼提出日心说的太阳系模型,人们据此推测出恒星的微小运动(即恒星视差),但他们却未曾观测到。好在这个理论并没有因为这一点而被推翻。后来有了更好的望远镜,确实观测到了恒星视差。由于证伪较难,社会科学中的保护带比自然科学中的保护带要强大得多。[13]

正统经济学中的争论便主要发生在"保护带"上。经济学家们将谜题、异象和"奇珍"打发给"保护带"去进一步研究。这样,"正常"的科学就能不受影响。

或许经济学(以及全体社会科学)之所以缺乏理论转变,最重要的原因是从未发展出完全的库恩意义上的"硬"范式。正是因为无法证伪,社会科学范式在同化方面享有更大的自由。与其说各种经济理论相互独立,不如说不同学派在松散的等级制度中共存,就像一个语言存在多种方言。

约翰·布莱恩·戴维斯(John Bryan Davis,2016)就经济学正统如何保护自己的主导地位给出了一个很有说服力的解释。传统用于判断研究质量的"反思性领域",如理论-证据关系、经济学史、经济哲学等,都被撂到一边。当前的研究质量都是通过期刊排名系统来进行评估的。这种做法会高度倾向于保持现状,而且会加剧阶层化:顶级期刊刊登的是顶级机构顶尖级学者的文章,而顶尖学者、顶级机构则是那些在顶级期刊上发表大量文章的人和机构。

学院能拿多少资金,看的是发文期刊的分数,因此学术职业的发展也通常要基于期刊排名,这些排名太重要了。因此问题不是没有竞争,而是只有那些无条件服从这种范式的人才能参与竞争,这个群体由守门人(期刊编辑)来划定。在这种自我参照的体系中,只有忠实遵循"好经济学"这个规定好的概念,一个人才能有所发展。今天,一些最重要的新古典经济学家也批评了期刊出版物的统治地位:它阻碍了基础研究和创新性理论的发展,降低了研究质量,往往只是在简单跟进已发表的理论。

诺贝尔奖得主拉尔斯·彼得·汉森(Lars Peter Hansen)认为,"对审稿人的依赖导致了更加保守的策略。我认为这种依赖在跨子领域的创新论文中同样存在,致使这些文章发表更难。依赖审稿人,使得发表在"top 5 期刊"上的论文都只是高质量的跟进性文章。"[14]研究人员必须在著名期刊上发表文章,这份压力也推着他们去撰写期刊文章,不去写书。篇幅有限，给出的自然多是部分解释，这也促使大家更常使用"其他条件相同"这一假定。

经济学等社会科学都有专业标准，人文艺术则（基本）没有。在经济学或社会学的观点或论断可能会"犯错误"，但小说或绘画则没有这种"犯错误"的说法。在小说、绘画等人文艺术中，"创造性"或"独创性"总能挑战或推翻传统的东西。社会科学之所以趋于稳定、抵制变革，正是因为专业标准的存在。但这些标准，究竟仅仅是话语体系内部的规范，还是代表着理解现实最有用的方式，则一直是争论的焦点。

多年来，正统经济学越来越容不下理论的多样性。也许是数学缩小了经济学的范围，最终为它塑造了一种真正的范式。这种缩小与美国的政治霸权有关。美国学派在很大程度上抹杀了其他学派：马克思主义、奥地利经济学、德国经济学、凯恩斯主义经济学、瑞典经济学。美国经济学随着美国权力的扩散而传播，等到美国权力衰退，这个越来越封闭的领域可能就会变得开放起来。

&

尽管非主流学者没有接受当代经济学家的训练，但他们仍代表着一个受到忽视、未被使用的工具库。那些重要的先辈们留下的箴言尤其宝贵。如今的非主流学者也不必感到孤独，他们可以在过去的伟大思想家中看到自己。在某种程度上，现有的经济学研究纲领和范式忽视了我们这一代人最感兴趣的问题（经济停滞、不平等、气候变化、生产自动化等），因而这门学科的历史便成了十分有价值的知识工具。

　　研究过去的论辩很有益处。有人说，把太多相互矛盾的想法介绍给学生，会让他们困惑不堪。最好是在允许他们涉足异见之前，先彻底向他们灌输正统思想。其实，历史上的论辩用语常常通俗易懂。辩论和分歧非但不令人反感，反而十分扣人心弦，尤其是当你能够听懂的时候。

第十一章

经济史

历史不会重演,但是常会回响。

——马克·吐温

像亚当·斯密、卡尔·马克思和约翰·梅纳德·凯恩斯这样的大经济学家,都是在历史的影子下开创自己的理论。他们的目标都不是做出一套数学,用来表达无关历史的真理。他们明白,没有哪个状态能够永远持续下去,甚至没有哪个状态能够持续很长时间。世界的状态每发生一次变化,人们对世界的看法也会随之发生变化。马歇尔说过,"社会条件的每一次变化,都可能要求经济理论有新的发展"。[1]

换句话说,经济理论的价值并不取决于它在演化树上的位置,而是取决于它在世界中的位置。经济学应该是一门基于历史的社会科学。不仅经济理论需要依托于其所处的时间和地点,经济实践也应如此。以前，经济并非一个独立的领域，经济秩序嵌入在一系列旨在确保人能生存的制度和活动之中。"科学经济学"最开始是对"嵌入式"经济的批判，同时还称所有人在任何时候都要追求效用最大化。这样，经济学家们就能主张存在普适定律，即是说在任何时间、任何地点，这种定律都有效。历史是针对这种傲慢的谏言。

经济学家之所以应该研究过去，主要有两个原因。其一是改善经济学；其二是改善历史学。经济学在第二个方面已有点成绩，但我主要关注的是前一个方面。如果说历史是对特定事物的研究，而经济学是对一般事物的研究，那么历史对经济学家的价值，就在于能使其更加具体化自己的前提假定，并承认自己的局限性。经济学家的假说依赖于事实，而历史便是这些事实的一个重要来源。

然而，经济史在现代经济学培养方案中几乎已完全绝迹。威廉·帕克（William Parker）曾说：

> 过去，经济学家接受经济史、经济制度和应用领域等课程的训练，其中便隐含着制度背景、社会概念和道德热情，但现在这些已被搁置一旁，相关领域则已部分转变为理论家的想象天地。[2]

简言之，正统经济学家已经不再倾听历史，只将其视为能用来检验理论的数据来源。经济学家拥有大量的数据库，叙事性的历史对于他们而言，不过是一些趣闻轶事罢了：理论何在？经济学家运用历史，在大家口中就是爱讲古。有些人可能会补充说：若经济学家已有普遍有效的定律，那也就没必要借助历史来认识这些定律了。

因此，经济学家不愿意从历史中去寻找能够用来理解人类状况的知识财富。他们进军历史，更像是一次殖民远征。他们认为自己已有了通用的模型，很容易就能将其应用在任何主题之上，无论是过去的还是现在的。他们用模型构建出假说，将这些历史作为数据，用来进行检验。构建出来的假说几乎都是新古典主义假说，那匹马总会追求最大化。

这样的入侵使得经济史的传统内容被抹去。经济理论破坏了经济史，它将不顾历史的模型和不恰当的检验策略强加于经济史，仅仅是为了证实经济学家头脑中已经存在的模型。"历史计量学"（Cliometrics）将统计和数学用于研究过去的事件，这门学科是"Clio"（克利俄，古希腊历史之神）的堕落。

历史是数据来源

标准的观点是，历史能够用来检验经济学假说，是检验理论、估计变量关系、预测未来趋势的经验证据来源。经济史的基本工具是时间序列，即一段时间内记录的各种统计关系。例如，安格斯·麦迪森（Angus Maddison）对一些地区的国民收入、人口、增长率等变量的历史估计值一直延伸到了公元元年〔最新版本见鲍特等（Bolt et al., 2018）〕。统计数据的价值，无论是历史数据还是其他数据，都在于能够用来检验理论主张。麦迪森研究历史产出，并将其换算为如今的单位，所以如果有人说罗马人比今天的人富裕得多，那么麦迪森的研究就能够确凿地反驳这种主张。

但我们也不该这么轻易相信。麦迪森的大部分时间序列都是在事件发生很久之后构建的。1800年没有国民收入统计数据，更不用说公元元年了。因此，麦迪森的估算是基于当时可用的统计数据，而且是带有各种目的编制的，所以误差可能很大。这些估计值能用来驳斥荒谬的论断，但无法用于精确比较古代雅典和现代埃塞俄比亚的福利状况。托马斯·皮凯蒂（Thomas Piketty）关于经济不平等的统计数据也是如此。事实上，所有的时序数据都是如此。[3]

时间序列分析也是计量经济学的一个核心组成部分，它试图从统计学上衡量两个或多个经济变量的关系如何随时间变化，其目的是估计它们未来的关系，或者检验、验证过去的关系。历史数据与比较数据一起充当计量经济研究的数据源。近年来，计量经济学可用的数据库越来越多。举例来说，学界多次尝试为货币数量理论建立经验基础。西蒙·库兹涅茨（Simon Kuznets，1901—1985）构建了关于国民收入及其组成部分的长时序数据，用于检验消费函数；丹尼森利用时间序列估计产出增长中重要投入要素（劳动力、资本、教育、效率）之间的关系。[4]

但我们在第5章中已经指出，计量经济学作为检验理论的一种方式，已经被高度夸大了：除了模型设定问题之外还有别的问题，比如等到你得到了足够的观察，时间已经过去了很久，很难再去假定各种条件平稳。举个例子，高税收会阻碍经济增长吗？没有确凿证据。经济学的大部分内容永远无法被"证明"。

罗伯特·索洛强烈批评了用计量经济学来研究经济史的做法。他说计量经济学是"历史盲"。

> 这个行业中最优秀、最聪明的人把经济学当作社会的物理学一样，有一个普遍有效的模型，只要应用它就行了。你可以把一个现代经济学家用时光机扔到……任何时间、任何地点，只要让他带着自己的电脑；他甚至

不用问现在是什么时候,这里是什么地方,就可以直接开始干活。⁵

简言之,我们做的很多建模工作需要假定过去的人和今天的人有着基本相同的价值观和动机。

彼得·阿克顿(Peter Acton)最近的一本书《生产:古代雅典的制造业》(*Poiesis: Manufacturing in Classical Athens*,2014)就是一个很好的例子,迈克尔·库利科夫斯基(Michael Kulikowski)评价道:

> 阿克顿在一个个案例研究中描绘出的雅典,与我们所处的后工业世界非常不同,与19世纪、20世纪也很不同。然而,他所有的案例研究,用的语言都是经典微观经济理论和二战后的竞争性商业和管理理论。他详细阐述了这些理论,十分相信这些它们所揭示的真理……阿克顿合理地提出了他的目标,邀请读者用经典微观经济学去问雅典人是否"可能也按照我们今天熟悉的同一套基本经济原则进行实践",尽管他们并没有我们阐明这些原则的语言和概念框架。"就算背景不同,同样的经济学定律仍普遍存在",阿克顿认为这一点毋庸置疑,因为微观经济学的"框架是与时间无关的",也因为"无论古代的主体是否带着有意识的动机,基本的经济学原理都会存在于他们脑中,这些原理为我们洞察历史提供了重要依据"。⁶

像摩西·芬利(Moses Finlay)等人一样仔细研究古代经济的话,就会知道上面这些跟真正的历史相差多远。芬利认为,上层阶级之所以贪得无厌，是源于其政治和军事生涯的各种常规支出，而非因为"最大化"逻辑。[7]芬利的工作揭示了一个事实，即人类社会在很大程度上是由"社会想象力"构成的。这意味着每个社会的人都有理解自己的方式，如果我们的方式与之完全不同，那我们是无法真正理解他们的。如果古希腊工匠不认为自己是追求利润最大化的人，那我们凭什么说他们"其实"是这样的呢？

简而言之，历史学不应将自己独特的视角拱手让给计量经济学家。正如索洛所写，你会在新经济史中看到"与经济学一样的积分、一样的回归，也与经济学一样用t值来替代思想"，不一样的是数据质量更差。新经济史学家和经济学家并未拓宽人们的认知边界，而是简单地重复提供没什么启发意义的东西。计量经济学的课程不可避免地会带有历史性，但却没有历史感。所以我们现在的处境是："经济学从经济史中什么都学不到，只能学到它自己教给经济史的那些坏习惯"。[8]

经济学能够改善历史学吗？

不过另一方面，经济学也改善了历史学。一个著名的例子是福格尔（Fogel）的《十字架上的时光》（*Time on the Cross*，1995[1974]），该书与19世纪历史学家的主张相反，认为奴隶制在经济上是有效率的。奴隶制是不道德的，但若不加干预，它本会持续更久。这一见解十分重要，因为它清楚地表明，美国内战是结束美国奴隶制的必要条件。尼克·克拉夫特（Nick Crafts）研究了19世纪末的英国经济，他发现当时英国商人做出的经济决策是理性的，他们并未成为在经济上没什么能耐的绅士[9]，这个研究比彼得·阿克顿对古雅典的研究更有道理。

经济学和经济史的划分如果要发挥作用，那么经济学家应基于典型事实提出各种假说，而经济史学家应思考不同模型和不同种类的证据怎样才有用、在何处能适用。经济学家应以探究的心态对待历史，而不是想着要征服它。

"周期"

历史学和社会学一样，对保守主义有着天然的偏见。历史记录着已发生之事，人们很容易简单地说"它是什么，就是什么"，而不去说"可能是什么"，更不会说"应该是什么"。对政治家而言，仅仅依赖历史可能是个致命弱点，因为历史想象力发现很难容纳进步的想法。1919年的《凡尔赛条约》（*Treaty of Versailles*）就清楚地展示了历史学派政治家的弱点，当时的和平缔造者们关注的是边境问题和民族问题，而非重建欧洲经济的需要。二战后的情形则不同，缔造和平的首项议程，就是重建各国被战争摧毁的经济。重建经济的任务交给了具有远见卓识的经济技术人员，他们设计了布雷顿森林体系和马歇尔计划。这项任务带来的结果影响十分深远。

经济学家和历史学家都认为，社会和经济生活在某个均衡点周围波动，这点不一定是静止不变的。但他们对周期的看法却截然不同。经济学家认为，商业活动的周期是由一些"冲击"造成的，如果没有这些冲击，各个系统便能平稳运行。由大规模技术创新引发的、持续40年以上的康德拉季耶夫周期（Kondratieff cycle）便是一个例子。在经济适应这些变化的过程中，波动可能会很剧烈，但持续时间不会长到能引发对进步本身的质疑。历史学家所想的周期更像是文明的周期，它们可能是由商业危机引发的，但其根源与人类本身息息相关，最终是源于社会中央制度的失败。

历史学家的周期理论从技术的层面抽象出来，不包含进步的概念。技术进步是外生且不可预测的。历史本身并未表现出明显的改进模式，而是沿着熟悉的路径左摇右摆。它不会完全重演，但会不断回响。在典型的历史周期中，社会像钟摆一样摇摆于活力与衰败、进步与退步、享乐主义与清教徒主义之间。每一次向外运动都会因过度而产生危机，导致反作用力出现。均衡位置很难达到，而且总是不稳定。历史不能用来预测未来，但它可以指明趋势和对其不可避免的反作用力。这种周期通常是跨代的，孩子们会对父母的信仰产生反作用力。

小阿瑟·施莱辛格（Arthur Schlesinger Jr）在《美国历史的周期》（*Cycles of American History*，1986）一书中将"政治经济周期"定义为"公共目的和私人利益之间国家干预的不断转变"。将他的用语转化为欧洲习惯的说法，其实说的就是在"自由主义"和"集体主义"两种时期之间的摇摆。自由主义时期（即私人利益决定政策）会因金钱腐败而结束；集体主义时期（致力于"公共目的"）则会因权力腐败而终结。如此循环往复。这种政治经济波动的说法相当符合美国的历史叙事，在全球范围内也能成立。1776年，亚当·斯密的《国富论》

出版,自由经济时代开始了。尽管自由贸易在早期的思想中占据了主导地位,但是真正产生政策上的转变,还是在一场重大危机之后——19世纪40年代初发生了一场土豆饥荒,随后《谷物法》(Corn Laws)于1846年被废除,自由贸易时代这才真正来临。

19世纪70年代,钟摆开始回到历史学家戴雪(A. V. Dicey)所说的"集体主义时代"。引发这次转变的大危机,便是食品价格暴跌所引发的第一次全球大萧条。这是一次严重的冲击,严重到足以使政治、经济发生重大转变。这一转变分两波发生。先是除英国外,所有工业国家都征收起了关税,以保护农业和工业部门的就业。(英国则依靠大规模向外移民来消除农村失业。)再是除美国外,所有工业国家都启动了社会保险计划,保护公民生命免受威胁。

1929至1932年的大萧条催生了第二波集体主义,它的恶性形式便是纳粹主义,但其更持久的遗产是"凯恩斯主义",即使用财政政策和货币政策来维持充分就业。大多数资本主义国家将重点产业国有化。罗斯福新政对银行业和电力事业进行了监管。同时,美国的社会保障姗姗来迟。国际资本流动受到严格控制,不过,自由主义的本能并没有完全消失。

第二次世界大战带来的,是社会民主这种温和式集体主义的胜利。不过,1945年后,贸易和资本流动已经逐步自由化,所以在20世纪70年代集体主义危机之前,自由主义就已经开始回归了。这方面的规则便是国际上贸易自由,国内实行社会民主。1944年在凯恩斯的帮助下建立的布雷顿森林体系,就是自由(社会民主)政治经济学的国际表达。布雷顿森林体系的目标是解除19世纪30年代之后的贸易停滞，实现对外贸易自由化，其手段是提供一个环境，减少经济民族主义的动机。它的核心是固定汇率体系，各国需协同调整汇率，避免竞争性货币贬值。

20世纪70年代，社会民主危机在滞胀和治理问题中拉开序幕，大体上符合施莱辛格"权力腐败"的概念。凯恩斯主义或社会民主政策制定者陷于傲慢之中，这是一种知识腐败。他们相信自己拥有足够的知识和工具，能够从上至下管理和控制经济和社会。

这就是哈耶克在其经典著作《通往奴役之路》(*The Road to Serfdom*，1944)中所抨击的弊病。20世纪70年代，政府试图通过工资和价格控制来控制通货膨胀，直接导致了一场"治理危机"，因为工会，尤其是英国的工会，十分抗拒这种做法。国家对公有和私有生产团体的巨额补贴，助长了新右翼所认定的典型腐败行为：寻租、道德风险、搭便车。政府失灵在面前摆着，记忆中的市场失灵便被抹去了。

新一代的经济学家抛弃了凯恩斯，在复杂数学的帮助下，重塑了核心是自我调节市场的古典经济学。20世纪70年代，各国政府受到通胀危机的重创，最终让步于自由市场力量的"必然性"。而后，向自由主义的倒退在世界范围内蔓延开来。布雷顿森林体系便显然受害于这一倒退。20世纪70年代，因美国拒绝限制国内支出，布雷顿森林体系宣告崩溃，汇率开始自由浮动，国际资本流动管制得以解除，预示着世界全面转向全球化。

这一转变在那时看来并不令人反感。当时的想法是，民族国家曾导致那么多有组织的暴力和浪费性的支出，如今正要出局，被全球市场取而代之。加拿大哲学家约翰·拉尔斯顿·索尔（John Ralston Saul）在2004年的一篇文章中描述了全球化的前景，不过略有一些夸张：

> 未来，决定人类各种事件进程的将是经济，而不是政治或武器。自由市场会迅速建立天然的国际平衡，不受旧时繁荣和萧条周期影响。贸易壁垒减少，国际贸易的增长将引发一场经济社会浪潮，所有船只，无论是我们西方穷人还是发展中国家的船只，都能水涨船高。繁荣的市场会将独裁变成民主。[10]

今天，我们正在经历一场自由主义的危机。金融危机使人们对金钱腐败越来越不满。新保守主义还要在收入中位数不增反降的情况下，为金融大鳄提供丰厚回报。它以效率的名义，使得数百万工作岗位流失海外，破坏了民族共同体，洗劫了大自然。这样的一个系统，需要非常成功才能获得人们的拥护，而巨大的失败注定只会使其名誉扫地。

如上述这样的历史学，教给经济学学生的是将自己和所受训练置于事件流中的能力。这能解释为何经济学叙事在一个时代言之成理，却会在另一个时代失去影响力。它为"危机"的概念提供了一个历史维度，这样的理解，超越了在本无摩擦的系统中引入"冲击"的想法。

"发展的不同阶段"
——《富国陷阱：发达国家为何踢开梯子？》

所谓"发展阶段"这类文献展示了一种不同的历史模式。西方经济发展的标准故事众所周知：启蒙运动释放了科学和市场的双重力量，带来了技术和使用技术的手段。但如果我们从历史出发，又会看到什么呢？

张夏准的著作《富国陷阱：发达国家为何踢开梯子？》（*Kicking-off the Ladder*，2002）回顾了工业化的历史，并在每个转折点都发现了国家那只相当看得见的手，它保护英国工厂不受法国和比利时竞争对手的影响，保护德国工业不受英国的影响，保护美国新工业不受欧洲竞争对手的影响，保护日本工业不受美国和欧洲的影响。在中国香港、新加坡、中国台湾、韩国等"亚洲四小龙"的发展过程中，在当下中国大陆的崛起之路上，这种保护一直都在。

在上述每一个国家和地区的发展过程中，政府都在指导、帮助特定行业。只有在成功实现工业化后，各国各地区才会认为自由贸易和经济自由化符合自己的利益。他们叙述自身的成功时,从政府主导发展改口为市场主导发展,把政府看得见的手说成是市场看不见的手。

政治经济学中的此类文章是从历史事实而非普遍主义前提出发的好例子。"为什么一些国家富有,而另一些国家贫穷?"主流经济学家认为这个问题应该有一个普遍的答案,但却没有一个普遍的理论能够涵盖所有情况。大卫·兰德斯(David Landes,1924—2013)等伟大的经济史学家强调了在欧洲经济和军事崛起过程中文化细节的重要性,比如眼镜的发明和女性的待遇。经济史为我们讲述了英国工业革命,德国、美国和日本的追赶,亚洲的停滞和崛起等故事。它没有提供经济发展的一般理论,但提供了丰富的历史解释,可以有效指导政策解决当前问题。

新古典主义增长故事说,经济发展的普遍先决条件是有一套产权保护制度,这样土地和企业的所有者才能从对社会有益的改进和创新中获得私人回报。根据这一理论的解释,18世纪英国圈起"公地",借由农业革命,导致了工业革命。20世纪90年代,俄罗斯和东欧的第一代后共产主义改革者运用这一"一般理论"一举拍卖了大部分国有资产。不同国家结果不同,取决于其历史和资源概况,以及获得了多少外国援助。但在俄罗斯,结果是灾难性的:经济崩溃,国有企业的苏联管理者"偷走"了大部分国有资产,形成了一个极其富有的"寡头"阶层,专制制度重新成为防止社会解体的唯一力量。有历史感的经济学家曾经警告过不要进行"休克疗法",但在新自由主义经济学的全盛时期,这些警告没有人听。

&

自18世纪现代经济学被纳入主流思想以来,经济学在重塑经济主体(包括政府)的动机和行为方面发挥了一定作用。人类在为达目的而奋斗时,可能天然会进行理性的经济计算,这一点相比于在习俗为上的中世纪,得到了更多展现的空间。因此,人类过去如何行为,并不一定能够指明今天的行为方式;但同样,人们今天如何行为,也不能指引未来的行为方式。

历史告诉我们,经济是有路径依赖的,它们的现在是从过去"继承"下来的。因此,了解一个社会的历史,有助于估计其经济上的可能性。社会制度的延续性将现在、未来与过去联系起来。尽管如今在各国之间,经济研究联系广泛、全球化程度高、十分容易获取,但德语国家的经济政策与盎格鲁-撒克逊世界或拉丁美洲的经济政策仍然不同。

我们会问自己:20世纪30年代的大萧条给我们的教训,能否有效地应用于2008年及以后的大衰退?因此凯恩斯主义经济学的复兴便不足为奇。近来许多经济学家认为,复苏之法在于削减政府开支,这似乎是忘却历史的一个信号。正如乔治·桑塔耶纳(George Santayana)的一句名言所说,"记不住过去的人,注定会重蹈覆辙。"

第十二章

经济学与伦理学

最重要的问题……是找到一个在经济上和道德上都有效率的社会制度。

——约翰·梅纳德·凯恩斯

"目的没什么经不经济的，用来实现既定目的的手段才有这样的划分……经济学研究的是可确定的事实，伦理学研究的是价值和义务。这两门学科除了能硬排在一起，没什么别的联系了。"它们根本"不在同一个讨论范畴内"。[1]莱昂内尔·罗宾斯用这些话将伦理学从经济学中驱逐了出去。诺贝尔奖获得者乔治·斯蒂格勒也有同样的想法，他写道，经济学家要纠正"社会错误"，需要的是运算，不是伦理学。[2]

老一辈经济学家曾仔细思索目的合理性、利己的伦理性和手段道德与否等话题。但现在，越来越多的人认为，关注这些问题，阻碍了真正的分析工作。剑桥大学政治经济学教授阿尔弗雷德·马歇尔在1903年将经济学从道德科学专业中分离出来，他深信"形而上学"会使好人不去学习经济学。正如罗宾斯所说，经济学只关注手段是否有效率。

举个例子，打仗的方式不止一种，效率高低也会有所不同。但是，至于这场仗该不该打、战争手段道德与否（例如使用酷刑是否道德）这些问题，经济学家可以有个人观点，但不该与他们所提的"科学"建议扯上关系。即使一个经济学家个人选择不与战争或战争方式产生什么瓜葛，这样的道德判断也是在经济学之外的判断。在本学科范围内，行为没有道不道德，只有高不高效。道德准则最多可能可以作为提高效率的工具："诚实是最好的政策"。

显然，亚当·斯密为自利的自私内涵所困扰，遂给了他笔下的主体"同情"这一动机。他的后继者却将其抛弃，因为这会使演绎系统的逻辑变得复杂。马克思关心分配的公正性。约翰·斯图尔特·穆勒提出了这样一个问题：好生活要"多少钱才够"？[3]罗宾斯定义的领域则没有了这种不相干的"道德"杂物。他的经济学中只有自利的个体，他们没有社会联系，但有着千差万别的需求，也都面临着预算约束，无法同时满足所有需求。因此，这些个体必须节约。经济学便是节约的方式。

这里要讨论的重点，不在于模型是旨在描述人的实际行为，还是人应该如何行为。因为这二者都不涉及道德，只涉及运算。如果人的欲望从想要好东西转变为想要坏东西，那只是需求表发生了变化。经济学对手段只有一个要求，那就是适合所追求的目的。手段和目的的伦理价值与经济学并无关系。

所有这些，都代表着对早期经济学思想的大逆转。科学经济学与资本主义一道，从崩溃的中世纪秩序中成长起来。中世纪思想的核心是价值问题，即什么值得或不值得钦佩和尊重，更简单地说，什么是好的，什么是坏的。经济学是其中一部分。但经济学在讨论好东西和坏东西时，有一个决定性的优势，那就是物质商品的价值是可公度的（commensurable）——其成本和收益能够用单一的货币尺度来精确表述。因此，这类商品的价值问题，从一开始就是以货币价格来表述的。即便如此，经济商品的价格所反映的，应是商品在道德秩序中的地位；解释这个价格的，也应是商品在道德秩序中的地位。

经济学成熟起来后，我们却发现其道德内容丢失了。关于价值与价格关系的讨论简化成了无价值运算。再也无人认为面对财产我们只是管家。手段道德与否被纳入效率高低的判断之中，目的道德与否则被划给了宗教和伦理学。今天的问题是，我们是否拥有足够强大的伦理话语，以克服经济学家的社会错误。

公平价格

经济学中价值理论的来源既有经验的一面,也有道德的一面:它一方面是在解释价格为何如此,另一方面又是在研究价格应为多少,即确定公平价格(just price)。"公平价格"即公平地评价生产者努力和消费者需求的价格,其背后的道德准则旨在防止人们互相剥削。公平价格学说可以追溯到亚里士多德,后来由中世纪学者详细阐述。他们认为这一价格的背后是神或自然法,它是衡量公平交易的标准。

在前现代经济思想中,"公平价格"大致便是"习惯价格"(customary price)。习惯价格是一个惯用价格,社会认为以这个价格进行交易便是公平的。然而,16、17世纪的大通胀和国际商业的推广使得市场价格与习惯价格严重脱节,换句话说,相对于商业经济,道德经济萎缩了。

劳动价值论是公平价格学说的世俗应用。古典经济学家(法国重农学派和亚当·斯密及其追随者)区分了生产性劳动和非生产性劳动。劳动价值论旨在将价格中不具有价值的那部分"租"区分开来。经济租是一种价格,它不以实际成本为基础,纯粹是土地和金钱所有者的免费午餐。中世纪典型的不公平价格便是高利贷,即放贷收息。为什么不公平?因为这是用钱来赚钱。你的钱本来就用不着,借出去并没有损失什么,所以没有资格获得回报。

亚当·斯密和大卫·李嘉图都用劳动工作来解释长期价格或正常价格,与此相对的是"市场价格",它围绕长期价格波动。也就是说,他们区分了"自然"价格(劳作的价格)和市场价格。斯密提出了著名的"钻石与水悖论":为什么钻石毫无用处,水对生命至关重要,可钻石如此昂贵,水却如此便宜?斯密的答案在于"从矿井里挖出钻石的困难和成本",他得出如下结论,"对于想要拥有某物的人来说,此物真正的成本是获得它的辛劳和麻烦"。[4]

继斯密之后,简单的劳动价值论逐渐变得复杂。资本家的劳动也天然值得回报吗?李嘉图将资本视为储备起来的劳动,由此把资本家获取的报酬囊括进劳动价值论。资本的存在,源于资本家的节制或"储蓄"。资本家的储蓄行为使"辛苦劳作"增加了价值。

在李嘉图手中,劳动价值论变成了生产费用论,其根源之一是中世纪的"公平"价格理念。但它也试图用一种特殊的美德(即为了未来消费而牺牲当下),给自利带来某种道德上的崇高感。因此,利润可以被视为这种牺牲的公平回报。[5]很久以后,人们开始认为利润是承担风险或企业家精神的回报。

卡尔·马克思的讨论与此有所不同。他采用劳动价值论,不是为资产阶级的利益辩护,而是为了将资产阶级从价值等式中剔除出去。

资本家的利润与他"不消费"无关,只与他不劳动有关。它的存在,是因为资本家能够从工人处攫取"剩余价值"。举个例子,工人的工资是5个小时产出的商品量,但工人却工作了8个小时,这3个小时的差额便是资本家的"租":工人付出了劳动却没拿到的收入,用马克思主义的术语来说,这便是对劳动的剥削。剥削之所以成为可能,是因为资本家拥有全部机器,工人除了劳动力之外,没有什么可卖的了。因此,这是一个典型的不公平交易,工人必须接受资本家开出的任何工资,否则便只能挨饿。[6]

生产费用论面临的问题是,在迅速扩张、管制日益放松的市场中,商品的价格与生产所需花费的劳动时间几乎没有关系。在不断扩大的交换关系网络中,长期价格、正常价格或"自然"价格始终未能出现。价格体系缺失了道德上的锚。一种价值理论,无法解释实际价格行为,那显然是有很大缺陷的。于是,自19世纪70年代起,生产费用论被供需理论所取代。在供需理论中,市场价格决定于稀缺性和消费者需求。

亚当·斯密用钻石从矿场到市场的成本来解释钻石的高价。但是,理查德·惠特利(Richard Whately)这位敏锐的批评家曾举出另一个例子来反驳斯密。他说,并非人们潜水取珠导致珍珠价高,而是珍珠价高驱使人们潜水取珠。[7]斯密在某种程度上也认识到了这一点,因此他用两个角度来解释价格成因,一是稀缺性和欲望,二是生产成本。[8]

所谓的边际革命分两步解决了"钻石与水悖论"。首先是消除需要和欲望之间的区别,将二者都纳入主观效用的概念之中。不同的商品带给人们不同程度的快乐,商品价格便反映了商品带来的快乐(效用)

的程度以及商品的相对稀缺性。用日常语言来说,人们为某物支付多少钱,取决于他们有多想要这个东西,也取决于此物的稀缺程度。人们想要的东西,如果不稀缺,就不会有价格。水通常是免费的,但它在沙漠中会有价格;空气也是免费的,除非一个人缺氧窒息。[9]

边际革命的第二步说的是价格决定于边际。杰文斯将主观效用的概念与微积分结合起来:我们要衡量的不是全部的快乐,而是某物多一点点带来的快乐。如果在此物的所有用途上,多一点能带来的快乐都与之相等,那么效用达到了最大。杰文斯预言,定量给出效用的各种定律,会使经济学与自然科学相当。

边际主义推翻了生产费用对价格的解释。劳动不能被视为价值的来源,因为用于生产商品的劳动"已然消散不见了"。[10]工资是产品价值的结果,而非其原因;理论上,更大的努力能够增加供给,但除非欲望使然,否则努力不会加大。

边际主义是一场科学胜利,也是一场政治胜利。它解释了(或消解了)旧价值理论中的许多谜题,比如珍稀画作的高价——这是劳动"消散不见"的一个典型例子。我先不去探讨它自身的"科学"缺陷,例如快乐的强度无法测量。[11]在我们的讨论中,更为严重的是价值道德感的丧失。价值完全取决于个人预期稀缺商品能带来多少快乐。人们只关注市场价格。只有当垄断限制了市场竞争,市场价格才可能不公平。因此主流经济政策的规范目标便顺理成章是"使市场充分竞争"。

主观价值论标志着方法上的范式转变。只要价值以成本费用来表示，经济学主题便是社会性的，价格现象纯粹是一种市场关系。可一旦人们意识到这些市场现象是个人选择的结果，而用来解释市场现象的社会现象反映的正是个人选择，那经济学的社会维度就消失了。数理经济学确立了这一转变。

经济学无法完全摆脱其知识遗产，继续用"均衡"模型和"自然"价格模型来研究经济生活，便是在致敬其早期与公平价格理论的种种牵绊。"自然"这个词仍然贯穿于经济学之中："自然"失业率、"自然"利率这样的概念便是早期实际成本价值论的幽灵。但现在剩下的也只有幽灵了：价值已经变成了你能从别人身上榨取的任何东西。

财产是托管物

近四百年前，洛克就曾指出私有产权是资本主义体制在道德上的阿喀琉斯之踵。中世纪教导人们必须合理使用财富。洛克在他的《政府论》(*Two Treatises of Government*，1764[1689]）中说，每个人对于自己通过劳动得到的财产都拥有自然权利，也就是说，每个人都拥有自己在土地上劳作产出的果实。可是大多数土地归少数业主所有，这二者如何协调呢？洛克认为不平等的财产是对更努力之人的回报。很久以后，功利主义观点开始盛行，认为不平等会提高生产率。这是里根和撒切尔所奉行的供给学派经济学的核心信念。

洛克主张，若所有者将其土地或资本闲置，那其土地或资本便该被剥夺，因为"上帝创造的任何东西，都不是用来让人类破坏、毁坏的"。由此，他联系了与正义的财产权这个较老的概念。[12]拥有财产，其实是在保管这些财产，服务于公众利益。好的地主应该像管家一样。因此，如果私有产权是用于公众利益，就不必废除人们的"自然"权利，可让他们拥有自己通过劳动得来的财产。

在工业时代，工人声称"工作权"等同于财产所有权。新古典经济学通过假设充分就业来回避这一说法。劳动力市场足够灵活，能保证每个想找工作的人都能找到工作。失业则是选择休闲，失掉收入权。

工人也要获得相当一部分剩余。但我们已经看到，马克思认为这一点在资本主义之下是不可能的。阿瑟·庇古（Arthur Pigou，1877—1959）等"左"倾新古典主义经济学家试图为收入再分配建立科学依据。庇古认为，货币对其所有者的边际效用递减，证明将富人的钱转移向穷人是合理的。[13]但这种努力没有成功，因为罗宾斯指出不可能测量满足感的强度（1938）。我们无法通过比较个体效用来推导出社会福利函数，这一点已成为公认的原则。

非主流经济学家坚称，没有社会福利函数，并不意味着要放弃再分配的目标。但主流经济学还是放弃了分配正义的问题[14]，他们证明，在一个完全竞争的市场中，所有生产要素都会获得边际产品。这样，分配便从经济学议程中拿掉了，但它仍留在政治议程之中。事实上，在20世纪的大部分时间里，分配问题在政治议程中占据了主导地位。社会民主主义认为，公民身份意味着国家有责任保证物质条件充分平等，这样民主的行使才有意义。如今，新古典主义经济学家和悲观的社会学家都在攻击福利国家：前者认为福利国家削弱了工作动力，而后者认为它使得社会"意志消沉"。

当前，相比经济学家，哲学家更经常讨论产权的公正性问题。例如，约翰·罗尔斯（John Rawls，1921—2002）提出了一个原则，用来判断不平等的合理性。他认为不平等有多合理，取决于它多大程度上改善了最不富裕群体的境况。这一原则与洛克的思想有一定的关系。洛克认为，财产所有权应取得道德上的正当性。身处主流经济学之外的学者对所有权的道德责任问题重新产生了兴趣。除了实现股东价值最大化的法定责任外，公司还应该承担道德责任吗？"企业社会责任"和"股东"资本主义等概念便是此类讨论的成果，不过"企业社会责任"主要是大企业在宣传。有研究表明，相比于只关注股东和高管利益的公司，对员工、供应商和社区认真负起责任的公司业绩"底线"更高。但在主流经济学中几乎无人提及财产是"托管物"的想法，因为这一想法不仅挑战了狭隘的产权概念，而且挑战了如下根深蒂固的观念：土地市场、资本市场和劳动力市场都完全"公平"，或可以做到完全公平，即所有生产者都会获得其产品对消费者的价值。[15]

关于产权的论辩并非只有道德这一个角度。对明确规定、可依法执行的产权，当然也有效率上的论证。古典自由主义认为私有产权能阻止国家随意没收财产，若坚称财产必须用于公共利益，便破坏了对产权的这一辩护。自由主义还有一个观点，认为政府不应干预雇主和工人自愿签订的合同。经济学专业的学生不能忽视这些观点，一定要意识到自己做出的分析性选择背后所隐含的道德与政治选择。

进步的代价

道德在经济学中消失的第三个方面是,不再有人认为进步会伴随着巨大代价。人们毁掉原来的,是为了建设更好的,革命和战争便是主要的例子。经济变革在方法上较为温和,但从效果上说,其破坏性并不亚于这二者。19世纪,经济从静态转变为动态,引发了学者对其道德代价的强烈谴责,没有人说得比马克思和恩格斯的《共产党宣言》更有力:"生产的不断变革,一切社会状况不停的动荡,永远的不安定和变动,……一切固定的僵化的关系……都被消除了。……固定的东西都烟消云散了"[1]。

邓肯·弗利曾写道:"斯密的立场存在一个道德谬误,他让我们接受直接、具体的恶,以获得间接、抽象的善。"[16]他提出了一个不应被回避的问题:目的能否证明手段正当?主流经济学承认进步是有代价

---

[1] 译文摘自马克思、恩格斯《共产党宣言》,中共中央马克思、恩格斯、列宁、斯大林著作编译局译,2018,人民出版社。

的，但几乎所有经济学家都会说这个代价值得付出，未来一定会比过去更好。如果评论家指出不断适应新环境十分痛苦，经济学家就会让我们想一想，今天大多数人的生活比工业革命前的那种生活要好得多。

19世纪，詹姆斯·穆勒（James Mill）也提出了这个问题，他的方式在现在看来也并不过时。他说："自由企业制度有其困难之处，但这是我们为了进步和公众利益所付出的代价。"[17]他的儿子约翰·斯图尔特·穆勒却无法如此自信地为他人的痛苦找理由。他补充道，这种痛苦肯定是暂时的：随着财富增长，痛苦便会减轻。相比之下，赫伯特·斯宾塞（Herbert Spencer）坚定地采取了社会达尔文主义的立场：穷人的苦难是社会繁荣的机制。只有奖励富人、惩罚穷人，社会才能持续繁荣。

凯恩斯与穆勒父子意见一致。资本主义的心理主因，即对金钱的热爱，在道德上是恶的，但它是通向善的手段。这种心理能带来富足，进而使我们"明智、愉快、健康地生活"[18]。凯恩斯和马克思都认为资本主义是一个过渡阶段。大多数经济学家无法想象后资本主义的时代，因为他们认为稀缺性是永恒的：罗宾斯的定义并未限制人类欲望。稀缺性存在，便仍需要算术上的解决方案，而非道德上的方案。此外，资本主义显示出了其作为增长引擎比其他社会形态更具优越性，因为哈耶克（1937）已然指出中央计划难以进行必要的社会运算。

还有约瑟夫·熊彼特，他的观点可以概括为"别让衰退白白浪费"。他倡导的是通过"创造性破坏"来产生财富。进步并不是一个平稳的演化过程，而是十分混乱，在这一过程中，垂死的巨人经过一系列危机，不断被灵活的新贵所取代。这是现代硅谷所认可的想法，外边贴着"颠覆性创新"这个委婉的标签。熊彼特认为，创造性破坏是资本主义制度的运作方式。他肯定会说，新创造的"价值"多于被破坏的。技术迷的说法也是如此。他们认为，自动化确实会摧毁现有的许多工作和生活方式，但从长远来看，所有人都将受益。

"进步代价"的相关文献讨论的都是关于当代人的代价，认为子孙后代定能受益。没有人觉得子孙后代会因我们肆意追求增长而付出代价。直到最近，人们才开始认识到，我们今天的好处是以牺牲后代福利为代价的。

在标准的经济学教科书中，没有任何文字严肃地讨论进步的道德代价。这一问题被分析语言中和掉了：进步的代价被划到了一个叫做"短期"或"过渡"的角落；有效市场和技术进步会确保代价是暂时的。社会想象力更丰富的经济学家认为，"补偿原则"正是为了降低进步的成本。如果赢家能够补偿输家，市场就会是"帕累托有效的"。这种说法错误地假定收益和损失可以用单一的货币尺度来衡量，而且抽象掉了实践中实现补偿需要何种政治的问题。

除了极少数例外，所有承认经济进步有代价的人，都回避了经济增长的目的问题。经济增长是为了让我们或后代更富有、更幸福还是更好？它们之间究竟有什么联系？

"做大蛋糕(成为)真正的信仰与追求的目标"(凯恩斯)

经济学的正当目的并非使人们得以满足需求,而是帮助人们终结绝对贫困和疾病。一旦实现这一目标,经济学也就完成了主要工作。哲学家、社会学家、历史学家、心理学家的发言权便会越来越大,因为无法度量的困顿与幸福之源将成为故事的中心。经济学家仍然有用,因为稀缺性(尽管并非普遍稀缺)仍将持续存在,因此分配需要效率,时间分配尤其如此。

这完全就是凯恩斯的想法。小标题引用了他颇具讽刺意味的一句总结,他认为手段(即做大蛋糕)规避了如下道德问题:经济增长是为了什么?经过思考,大部分人会给出的答案是:为了让人们过上更好的生活。经济学家们认为物质充足是"幸福"的必要条件,这一点与大众的感受是一致的。但"幸福"是什么呢?它是主观的心态还是客观的事态呢?

按罗宾斯的说法,当人的需要得到满足,他就会体验到幸福,就像吃饱了肚子一样。这可以被称作幸福的客观状态。但是想象中的欲望是相对的，人们永远无法说出需要多少才算幸福。稀缺永远存在。只要人们想要的多于已有的，经济学就只能给出有效做大蛋糕的方法，别无其他目标。这是它唯一的信仰与追求，除此之外，再无别的福音可传。

对于"做大蛋糕"这个问题，我们可以见到三种不同的回应。第一，蛋糕就是需要无限做大，因为人永远不会满意自己的境况。这种不满与现有财富水平和收入不平等都没关系。其实，不同人群之间的收入差距越小，相对欲望的影响就可能越大，因为嫉妒会更加猛烈，地位竞争会更加激烈。相对欲望不可能得到满足，这便是稀缺性观点的基础。

第二个回应基于左翼立场，它认为随着收入走向平等，蛋糕就不用做大得那么快了。人们不满意自己得到的蛋糕**份额**。很多时候看似永不满足，实际上只是因为不平等。与其说要做大蛋糕，不如说需要把蛋糕划分得更平等，不过如果把蛋糕做大，平等划分可能更容易实现。用加尔布雷斯的话说，我们需要的是私人财产变少，公共财富变多。如果收入更加平等，公共服务得到改善，也许经济就不必增长这么快，甚至在富裕国家，经济也许根本不需要增长。这就引出了一个明确的道德观点：不满足的根源不是个人心理（比如嫉妒），而是社会对公平的需求。

第三个看法，也是最近的一个看法，强调的是我们不断追求"更多"，会给地球以及子孙后代带来长期的代价，这个看法便引出了应该"去增长"的观点。

然而，这三种回应虽然有所不同，但都还是在讨论物质充足性，没有探讨必需品究竟是用来干什么的。因此，我们认为花在教育和健康上的钱，是实现幸福的手段，并不将其作为幸福的一部分，不认为它们具有内在价值。每个人对幸福都有自己的看法，所以经济学必须只局限于探讨手段，且假定每个人都能够有效地将物质资源转化为幸福。因此，经济学止步于GNP或人均GNP：至少这些我们是可以度量的。

有人试图让政策考虑做大蛋糕之外的问题，但这些尝试都不成气候，其中一个来源于对国民生产总值的技术批评，因为有些经济活动是无法度量的。GNP是一年内所有最终产品和服务市场价值之和，它并未包括志愿服务、家务劳动和育儿等活动的成本，却包括打击犯罪、污染、吸毒、资源消耗等带来的成本。就连国民收入统计之父西蒙·库兹涅茨也认为"一个国家的福利很难通过度量国民收入来推断"。[19]

某些经济学家建议将"幸福"作为政策目标，不要追求GNP。所有人肯定都认同，改善心理状况，让人更快乐，是个值得称赞的目标。调查结果显示，幸福并不等同于收入高，它被称为"伊斯特林悖论"，这便是上述建议的来源。经济学家理查德·伊斯特林（Richard Easterlin，1926）发现，超过某一收入水平之后，幸福指数（例如从1到5）便不会再随国民生产总值的增长而上升。在收入增长到某个临界点之前，二者会一同变动，在那之后，收入持续增长，幸福感保持不变。[20]

也就是说，政策不应追求收入增长，而应该以幸福的增长为目标，所以我们要研究人们快乐和不快乐的原因（金钱只是其中一个原因，并非全部）。[21]此时关键就是要将幸福和不幸福的主观衡量与客观条件联系起来。调查显示，如下这些方式能使人们更快乐：与家人朋友在一起的时间更多、对工作满意、收入有保障，等等。政策应设法促成这些与幸福相关的客观因素。幸福的概念本身太难捉摸了，大多数研究人员认为它仅仅意味着心理健康、身心愉悦。以幸福为噱头的大师和开设幸福课程的学校层出不穷。2008年金融危机后掌权的英国首相戴维·卡梅伦曾表示，他每过三个月会测量一次英国公民的"幸福感"，并"用幸福感的变化来让自己为政策成败负责"，[22]后来这个方案基本没再被提起过。不过要在经济下行时衡量幸福感，结果一定会很难看。

乍一看，将幸福作为政策目标改善了粗糙的国民收入度量，是一种跳下增长（或至少是减速）的苦力磨坊，能让我们专注于实现大家公认的好事。

我们先不谈如何有效衡量幸福这个棘手的问题，即便如此，也还存在一个可怕的陷阱。如果我们认为幸福是一种永久愉悦的精神状态，那就可以通过免费分发一些增强快乐感的药物来实现它，剩下的生存所需之物留给机器人来生产就可以了，这样便能拥有永恒的甜蜜生活、迷醉之乡，完全会成为"人民的鸦片"。幸福经济学家所提倡的当然并非这样，不过经济学家理查德·莱亚德（Richard Layard，1934— ）确实在他的幸福议程中纳入了医疗和娱乐性药物的使用。[23]

幸福经济学家希望政策能创造条件,减少人们的痛苦,他们相信可以找到这样的条件。

减少痛苦是一个中间的道德目标,最终是为了让人能过上更好的生活,所以当然应该认真对待。但幸福本身不应该是争取的对象。古希腊人早已认识到,幸福并非一个单独的目标,而是美好生活的结果,且往往是"机缘巧合"的结果。[24]

经济学家阿马蒂亚·森(Amartya Sen)论证了另一套衡量标准。森和马歇尔一样,认为政策目标应该是增加"福利"。但理解福利,不能仅仅只看物质消费。福利是由多个相互重叠的"可行能力"(capability)共同构成的,其中包括物质福利,但也包括非经济因素,如自行制定计划的自由,这些能力无法相互削弱。因此,经济发展应理解为可行能力的扩张,贫困则是可行能力被剥夺。[25]将"可行能力"作为政策目标,能够避免直接定义终极目标。但问题随之而来(他并未能够回答):"可行能力是为了什么?"。我们为什么要关心个人能否健康、能否接受教育等等?重要的难道不是他们**确实**健康且受过教育吗?而且,直接定义健康和受教育的意义显然十分独断,但"可行能力"保留了个体选择的自主性。[26]

森意识到需要另一个指标,因此,他与马赫布卜·乌尔·哈克(Mahbub ul Haq)等人一起制定了"人类发展指数"(Human Development Index),其中包括一国的收入、教育和健康指标。其他指数还包括:经合组织的"更好生活指数"(Better Life Index),由11个部分组成;不丹国王的"国民幸福总值"(Gross National Happiness)

目标；牛津大学贫困与人类发展中心（OPHI）和联合国开发计划署（UNDP）的多维贫困指数等。[27]国际劳工组织（ILO）表示目标应是社会正义，而非增长，但承认"并不存在客观的社会正义概念"。生态经济学家赫尔曼·戴利（Herman Daly，1938—）提出了一个"可持续发展"指数，考虑了环境退化和自然资本贬值。1989年，他提出了三条规则：1. 可再生资源的利用要可持续，即消耗速度不应超过其再生速度。2. 不可再生资源的利用要可持续，即消耗速度不应超过其替代品就位的速度。3.污染物和废品的增长率也要可持续，即其增长速度不应超过自然系统吸收、回收、使之无害化的速度。

所有这些混合指数在技术上都有缺陷。第一个缺陷是试图测量不可测量之物，比如通过计算朋友的数量来判断一个人社会生活的质量。第二个缺陷在于企图合并不可合并的量，从而使决策者无需做出道德选择。

虽然上述批评都十分有力，但GNP依旧流行，原因在于它非常简单，是个具有明确含义的单一数值。试图用一个"仪表盘"来考虑全部因素，最后可能会变得非常复杂：把健康、教育等统计数据汇总成一列，要怎么比较呢？如何能一眼就看出哪个国家做得最好呢？

伦理学如何帮助经济学？

要将伦理重新纳入经济学，使经济思想植根于一个伦理基础，其困难在于当代道德理论无计可施。西方世界的大部分地区，宗教和习俗已经无法再作为共同道德的黏合剂。世俗伦理体系是旧时宗教信仰的碎片，没有神法的权威。此外，"商业"和"商业计算"已经成为人类活动中更重要的一部分，商业中的"道德"仅是不欺诈。因此，什么行为符合道德已无共识，其原因有两个方面：一是宗教的衰落，二是商业价值观的传播。于是道德成了个人算计。每个人对于何为善并无共识。"善"在社会生活中的自然基础毁损至此，试图恢复关于美好生活的共识，便有家长式作风之嫌，甚至带有专制的味道。关于这一点，默认的观点是生产、消费更多物质产品，经济学这门科学最能使人有效做到这一点。这便是当下处境。

在经济学与伦理学可能碰面的所有方面，我们都能发现伦理学的缺点。当代经济学和当代伦理学采用的都是个人主义视角。当代资本主义伦理批评的要旨是，资本主义权力结构使大多数人没有机会做出好的选择。分配正义可以被视为赋权的一种形式，但选择本身应该留给拥有相应权力的个人。经济学和伦理学都讲着方法论个人主义的语言。

在经济进步（尤其是技术进步）带来的美好生活前景中，凯恩斯找到了经济学的道德基础。他对美好生活有着非常清晰的理解，认为美好生活是建立在普遍的道德直觉之上的。但他指向的是道德共同体的存在，在他年轻时，这一点仍是理所当然的。可是今天，尽管有一些小型道德共同体在追求各自关于善的愿景，但究竟何为善却没有道德上的共识。

目的伦理的崩溃将当代伦理争论的重心转移到了手段伦理，即所谓**程序伦理**（procedural ethics）。政治哲学家们对于什么是收入和生活机会的公平分配进行了激烈的辩论，其中社会民主党人约翰·罗尔斯（见本章上文"财产是托管物"小节）和保守党人罗伯特·诺齐克（Robert Nozick，1938—2002）是最常被引用的两位学者。"自然"权利已经演变为"人权"。人们"有权"不因种族、性别和年龄而受到歧视。功利主义哲学和权利哲学通过不同途径得出了相同结论，都认为伤害便是恶。防止伤害发生显然是最低限度的道德纲领；尽管无法就"何为善"形成共识，但我们有希望就"何为恶"达成一致。

"防止伤害发生"基于如下理念：个人应可自由执行自己的计划，前提是这些计划不会伤害他人。举几个例子，健康和安全法规旨在防止商品和服务的生产者伤害其用户，零售商应提供有关其产品的真实信息，互联网监管趋严是为了防止有害内容、恶意内容和仇恨内容的传播。防止伤害发生的想法还延伸到机器人领域。生物化学家、作家艾萨克·阿西莫夫（Isaac Asimov，1920—1992）所述的"机器人三定律"中，第一条便是"机器人不得伤害人类，不得因不作为而使人类受到伤害"。

经济学的两个分支，环境经济学和生态经济学，已经将"不伤害"原则应用在人类的生存问题上。人为的气候变化给我们带来了威胁，经济活动必须与人类生存目标相一致。这是"财产托管"理念复活的切入点。地球当前的"所有者"承担着对未来的所有者的义务，应保护尽力保住自己所留遗产的价值。经济学家通常便会计算出这项义务的代价有多大。

"环境经济学"这个分支将环境视为重要的经济资源。损害环境造成的代价并不由破坏者承担，这就产生了道德风险问题。企业制造污染，却能让其他人（此时是子孙后代）来处理相应的麻烦。因此，污染地球造成的代价必须用碳税来"定价"。

第二个是"生态经济学"，这一分支更加激进。它接受了保护环境的想法，但不认为环境退化的所有方面都可以正确定价。最重要的是要让人们了解自己在全球生态系统中的位置，了解经济活动如何破坏这一生态系统，并且明白自己应如何做出改变以保护此系统，最早问出这个问题的是罗马俱乐部的经典著作《增长的极限》[28]。乔治斯库-罗根（Georgescu-Roegen）甚至认为防止地球熵增的唯一方法是实行"去增长"政策。

这支观点的一个重要发展是凯特·拉沃斯（Kate Raworth，

1970—)的"甜甜圈经济学",它给经济学带来一个艰巨任务——在"社会基础"和"生态天花板"之间找到一个平衡。[29]经济活动必须在生态可能性的边界之内进行。[30]

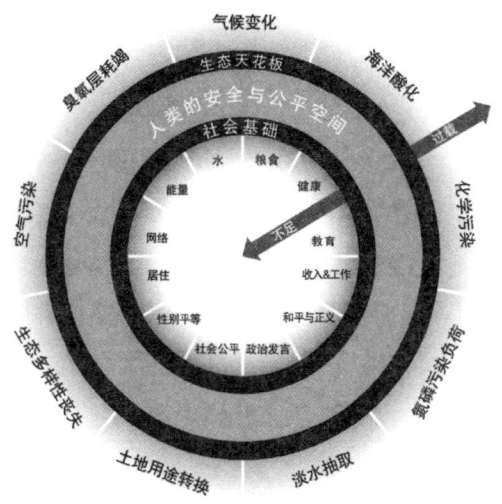

图6 拉沃斯的甜甜圈[1]

---

[1] 本图引自[英]凯特·拉沃斯著,闾佳译,《甜甜圈经济学》,2019,文化发展出版社。

如图所示，生态经济学的核心思想与"幸福"经济学的一样，都十分不精确。保护生态系统到底要怎么做？在图中，圈外列出了一大堆坏事，圈内写着一大堆好事。我们可能想用GNP来衡量我们自身活动的价值，但却无法用GNP准确衡量对生态系统的影响。"气候变化"本身就有很大的测量问题，它还只是生态系统的九个裂口之一。所以说，"甜甜圈经济学"是个笼统的说法，它指的是一系列有价值的目标，就像"性别平等"和"网络"一样，与保护生态系统没有明显联系。它最能吸引的可能是那些极度厌恶贪婪和奢侈的人。至于它是否与西方的政治和经济自由模式相兼容，则尚未有定论。

不过有一个伦理观点显然更好：与自然和谐相处，在自然所规定的范围内生活，便是美好生活的一部分。这与我们的坏习惯对自然造成的任何可度量有害后果没有关系。这样的观点首先需要我们对美好生活形成充分共识，很可惜，如此共识并不存在。因此，我们只能回过头，靠着伪科学和过苦日子来为这项事业争取支持。[31]

&

要让伦理学回归经济学，真正的方法有两种。其一是更深入地探究"马的脑子"（见上文第6章"经济人假定的使用"小节）。一旦深入研究，就会发现尽管道德多样性确实存在，但并不像人们普遍认为的那样广泛，也会发现人们对什么是"基本善"有着普遍共识。无论在何处，健康、尊重、安全、信任和爱，都被视为美好生活的一部分；在任何地方，没了这些都被认为是不幸的。也就是说，我们所拥有的材料，可以用于对美好生活意义的普遍探究，能够超越时间和地点。我们并非注定要经历一场只能由市场、政治和法律来调解的，永无休止的价值观冲突。

其二是哲学家迈克尔·桑德尔（Michael Sandel）提出的方法。他的出发点是，因为害怕被人说是家长式作风，公众讨论已丧失了道德上的意义。他给出的方案不是家长制，而是要进行关于市场道德的公开辩论。我们是什么都能买，还是说有的商品"无法明码标价"？在排队的时候花钱进入快速通道的后果是什么？把战争和监狱外包给私人承包商的后果是什么？为考试成绩好的人提供现金奖励的后果是什么？将市场经济这种工具变成市场社会，用金钱来决定能否获得基本善，并且把所有社会关系都挤进金钱关系中，又会有怎样的后果？他提出这些问题，是希望我们可以恢复共同利益的旧日观念。[32]

罗宾斯将伦理学从经济学中驱逐出去，希望能使经济学更加"科学化"。但他这个计划成功的希望一直都很渺茫，失败的关键就在于经济学作为一门科学是有弱点的：从经验出发构建人类行为的稳健定律几乎不可能，因此构成经济学"科学核心"的，便是以严密、不切实际的先验假定为基础的逻辑和数学推导。凯恩斯所谓的"内省"和"价值判断"是逃不开的，但经济学可以用逻辑演绎主义的方法论来掩盖它们。这样一来，经济学中的很大一部分知识便完全无法用来描述世界，将其作为政策指南，更是会有严重的误导性。然而，我们有理由怀疑西方社会现存的道德价值资源不足以纠正经济学家的社会错误。

第十三章

放弃无所不知

说到人生大部分的事务，则上帝只供给了我们一种……概然性的黄昏之光；而且这种光明我想就适合于我们在尘世上的平庸状态和摸索状态。

——约翰·洛克《人类理解论》[1]

主流经济学在两个方面误解了人类行为：一来赋予人类过高的计算**能力**，二来认为人们拥有过高的计算**欲望**。它忽略了不确定性和人们之间的联系，之所以如此，根源在于其分析方法将个体最大化行为当作重要前提。正如凯恩斯所说，经济学的错误不在于逻辑不一致，

---

[1] 引文译文摘自关文运译本《人类理解论》（商务印书馆，2011）。

而在于"其前提……没有普遍性"[1]。经济学描述的人类行为与实际表现出来的行为之间存在很大差距。为了缩小这一差距，经济学所做的并非扩大自身前提，而是将人类的意义限制在计算这一点上，再用大数据和计算机运算力来增强人类的计算能力。结果导致经济学家的想法和许多人的感受越来越不一致，表现出来便是社会不满的爆发。总之，主流经济学家对"马的脑子"研究得不够深刻。

接下来，我会试图联系本书贯穿始终的两个主要论点，一个与经济学认识论有关，另一个与经济学本体论有关。

认识论：风险与不确定性

第一个问题是我们对未来了解多少、能了解多少。经济学研究人们的思想，发现了效用最大化，并将其作为理论基础。但关于这一点，更谦虚、更准确的说法是：给定情形，人们会尽力行事。所谓情形，便包括不确定性。

弗兰克·奈特（Frank Knight，1885—1972）和约翰·梅纳德·凯恩斯都区分了风险和不确定性。"风险"（risk）指的是能够量化事件发生的可能性，而"不确定性"（uncertainty）则指无法量化此可能性。（等价的说法是：风险可保，不确定性不可保。）不过主流经济学家并不认可这一区别，他们相信个体能够准确计算出任何行动各种结果出现的概率。这是因为他们将经济视为一个封闭系统，就像跳棋游戏一样。芝加哥经济学家明确用这种方式对金融体系进行了理论建模：所有资产的风险"在平均意义上"都能被"正确定价"。因此，2007—2008年的危机是不可能发生的。一个经济学家，即便拒绝芝加哥学派这种十分严格的建模，但在专业上，谈及前瞻性选择也不得不使用风险的语言：个人存在"风险状况"，利率衡量"风险偏好"，政府债券是"无风险的"（除非是希腊债券！），资产价格度量风险规避程度和理性预期，等等。但是看看金融媒体，我们就知道企业最无法忍受的一件事便是"不确定性"，遇到这样那样的事，它们总是呼吁政府"消除不确定性"。设定通胀目标，就是为了"消除"未来价格走势的"不确定性"。这究竟是怎么回事？

学界之所以更加接受"奈特式不确定性"，不太接受"凯恩斯式不确定性"，是因为奈特将不确定性限定在"非均衡"情形，而凯恩斯却认为不确定性决定了均衡本身的性质。在《风险、不确定性和利润》（*Risk, Uncertainty and Profit*，1921）一书中，奈特将利润解释为对企业家精神的回报，或发明新产品的奖励。因为创新是一个全新的事件，所以我们无法知道创新成功的概率。因此，利润是在未知领域获得成功的回报。这种企业家精神的回报，必须与资本的"正常"回报区分开来，因为利润是一种暂时的垄断现象，随着新发明推广开来，利润会被竞争取代。经济学家快要承认在这些事情上的不确定性了。对凯恩斯来说，不确定性不仅影响创新，而且污染了整个投资需求计划。"正常"回报率并不存在，有的只是一个由不确定性决定的预期回报率。

凯恩斯的不确定性未能抓住主流学者的心，还有两个别的原因。其一，凯恩斯在《通论》第13章中讨论了不确定性，但他本人说这部分讨论是"题外话"，现在对凯恩斯理论的标准解读也确实按他所说来对待这部分内容。其二，他的叙述不成体系，未能明确区分经济体系中哪些部分可能有风险，而哪些部分必然是不确定的。这就是为什么虽然乔治·沙克尔（George Shackle，1903—1992）、海曼·明斯基（Hyman Minsky，1919—1996）和保罗·戴维森（Paul Davidson，1930— ）等后凯恩斯主义学者试图在认识论上给经济学一个不确定性的基础，但却进展甚微。

不过，凯恩斯还留下了另一套"通论"，我们值得认真考虑将其作为改进版经济学的基础。这便是他的概率论，记录在《论概率》（*Treatise on Probability*）一书中。这本被遗忘的杰作是凯恩斯自认为是一名经济学家之前便构思好的。罗德·奥德奈尔（Rod O'Donnell）称这本书中所述的内容是"理性信念和理性行动的一般理论"[2]。直到1921年，也就是奈特的《风险、不确定性和利润》面世那年，这本书才出版，但书中思想的萌芽可以追溯到1904年，当时凯恩斯还是剑桥大学的学生。

凯恩斯也探究了"马的脑子"，但他没有看到最大化行为，他看到的，是试图在不同程度的确定性之下合理行事。他的关键一步在于区分了理性信念（或预期）和真实信念。标准的理性预期理论认为二者相同，因为对一个事件拥有理性预期，意味着能准确知道其概率。凯恩斯认为，基于一定证据，相信某件事可能会发生，这是合理的。但有可能证据太少，无法用数字给出此事发生的概率。

按确定性降序，凯恩斯指出了三类概率的情形：基数概率（此类情形较少）、序数概率（此类情形较多）、无法指定概率。

基数概率是一些比例，用分数来表示，要么是先验（数学上）已知的，要么是与以前之事类比得到的。举个例子，如果10个抽烟的人有1个死于肺癌，那么吸烟者死于癌症的概率为10%。基数概率中的第二种，便是精算师认可的、标准的风险，例如，确定火灾保险保费，看的是某地一段时间内烧毁的房屋数与该地房屋总数的比例。另一个极端是不确定性，凯恩斯和奈特都定义了这种情形，但主流经济学不予接受。在不确定性的情况下，我们没有计算比率的科学依据。上述两种情形的中间地带，便是凯恩斯所谓的"数量级"，也就是可能性的级别，它指的是"可能性的大小"，但并非准确的比率：我们可以说一种可能性大于另一种可能性，但不知道大了多少。他总结道："某些概率之间的大小关系可在数值上进行比较，另有一些只能大致比一比，还有一些则完全无法诉诸数字。"凯恩斯认为，我们所要做的大多数理性选择，正是落在这中间地带，对可能性进行序数排位。[3]

而在新古典主义的认识论中，所有概率都有数值。他们的出发点是你自己给出的概率，比如一匹马在赛马中获胜的概率。你无需知道这匹马过去的表现：理性只要求你在下注时要有一致性，这样便不会落入"荷兰赌"[4] [1]。通过应用贝叶斯定理，主观信念能够转化为客观概率——贝叶斯定理能在新证据出现时更新主观概率。[5]若像极端的理性预期理论家一样，假定主体完全掌握了所有关于未来事件发生可能性的最新知识，那就能准确地为风险定价。凯恩斯这套针对理性的

---

[1] 荷兰赌（Dutch book），又译"大弃赌"，指玩家必输的赌局。

"通论",是对新古典理论的重大改进,可避免将不符合新古典理性标准的行为称作"非理性"行为。它提供了一种方法,用以区分封闭系统、部分封闭系统和开放系统。这套理论没有选择简单地用数学方法去做预测,而是推动经济学去思考人类在不同知识条件下的行为,为社会科学方法论的统一指明了方向。

本体论：何物存在

改进经济学研究方式，不能依赖于回归凯恩斯主义。凯恩斯的主要缺点是本体论不完善，缺乏真正的社会学或历史学视角。他认识到"原子说在物理学中表现出色，却在心理学中效果很差"，还给出了"合成谬误"和"节俭悖论"等例子，但并未继续深入探讨。[6]

因此，改良版经济学的第二个支柱应该是改进版本体论，其研究的是何物存在及社会现象的基本构成和性质。正统经济学的现实地图上只有个人，即使群体和机构得到了承认，那也只是如同技术一般，作为手段、工具存在。这种"方法论个人主义"的方法使经济学无法理解人类行为的大部分内容，因此经常给出错误的建议。经济学无法理解人对于宗教、民族和群体的忠诚、依恋、认同（韦伯称之为"共同体"联系）；无法理解这些联系会在多大程度上改变其对于最大化个人的刻画；无法理解自我理解的力量以及社会地位如何塑造自我理解；无法理解观念、权力和技术如何塑造选择，包括经济学自己的选择；也无法理解它某些普遍学说的历史偶然性，对自己的历史更是漠不关心。

一张更准确的社会现实地图，至少要包括三类具有"主体性"的实体：个体、政府和"团体"（corporations），三者通过错综复杂的关系网联系在一起。前两者的含义非常清晰，而所谓"团体"，我指的是介于个人和国家之间的、所有为个体提供有价值服务的群体，以及个体所归属的群体，如地方政府、教会、大学、志愿者协会、企业、工会、银行系统、数字系统、社会运动，以及其他许多群体。私人机构可能会基于声望、责任或利润，向社会提供公共物品（包括不良公共物品），这在历史上一直都有。但这样的社会结构在国家和市场的二元体系中无法存在。有人可能会将经济体视为一个"中观经济"体系，国家行政处于顶部，个人则在底部，各种中介机构存在于两者之间，整个体系对经济产出都有贡献。在国际体系中，民族国家便是个体和超国家组织之间的中介机构。

各种结构之所以重要，是因为它们会影响个人动机，从而塑造个人行为。我们要尽力理解清楚的，并非群体的行为，而是群体中的行为。无论新制度主义经济学家多么努力，群体中的行为都不能被理解为个体利益计算的结果。爱、恐惧、勇气、忠诚、贪婪、背叛、崇拜，以及人们常常表现出来的、或褒或贬的许多其他特质，都必须在群体语境下才能理解清楚。

正确理解集体行动的根源和逻辑，会使我们远离新古典主义的道路。合作之所以出现，并不是因为人们认识到它会降低交易成本。经济学家可能会说,这种说法只是用来讨论个体行动成本,而且此类原因也确实是合作的理由。但这样并不能使我们深刻理解社会交往。

在贸易起源的标准解释中,新古典主义的缺点也展露无遗。用保罗·萨缪尔森的话来说:"最早有两个猿人突然意识到,如果自己拿一件东西去换对方的一件东西,那双方都会变得更好。我们应该大大感激这两个猿人。"[7]大多数经济学家都喜欢原始社会以物易物的故事,因为这个故事中没有社会。可关键在于,正如涂尔干所指出的,要想达成这样的交易,你首先必须得是个社会动物,独特之处在于你这种动物拥有创造性。个体并非自愿选择社会性,而是生来就在社会之中,注定有社会创造性。因此,人类处境天然就带有相对的社会不稳定性,这就是为什么我们无法将画面定格住,除非是暂时、局部的定格。

留给我们的是个难题。当经济学家"审视马的脑子"时,他们真的看到了马的想法,还是只看到了自己植入其中的布道?换句话说,经济学是描述性的还是规定性的?本书认为经济学希望兼而有之。经济学的描述性显然是不完备的。但随着时间的推移,难道描述不会变得像规定一样吗?难道人们的行为不会越来越像经济学家所讲的那样吗?这会是对贝叶斯定理讽刺的逆转:客观现实越来越像经济学家对于人类的主观预料。改变人性,而不仅仅是描述人性,一直是社会工程师的梦想,也是今天技术乌托邦主义者的梦想。这一点是进步论的基础。但若不想将人类变得面目全非,它能推进到什么程度,或者说应该推进到什么程度?人性中会有哪个部分无法被更改,极力抵制灵魂工程师的野心吗?

一张更好的地图

我们在本书中指出了两个主要问题——前提的普遍性不足（认识论）以及缺乏对制度的理解（本体论），这两个问题是相互联系的。我们需要一门在认识论上更谦虚、在本体论上更丰富的科学。

盲人摸象的问题（见上文第1章"经济学的方法"小节）可以通过构建以下的坐标图来改善。我们的纵轴是本体论——何物存在的理论，横轴是认识论——真实信念的产生方式。

经济学主要占据着右上角的象限，左下角是社会学、政治学和历史学，心理学在左上角的象限中，右下角的象限是历史唯物主义（马克思主义）。本书的论点是，经济学应该朝着箭头所指的方向发展，要放松前提假定、减少逻辑推导。也就是说，它应该满足于一个具有部分可预测性的逻辑，不要去追求完全的可预测性。

接下来的任务是拓宽理解，把本体论和认识论联系起来，不将经济视为一类特殊活动，有着自己的行为逻辑，而是将其作为人类生活

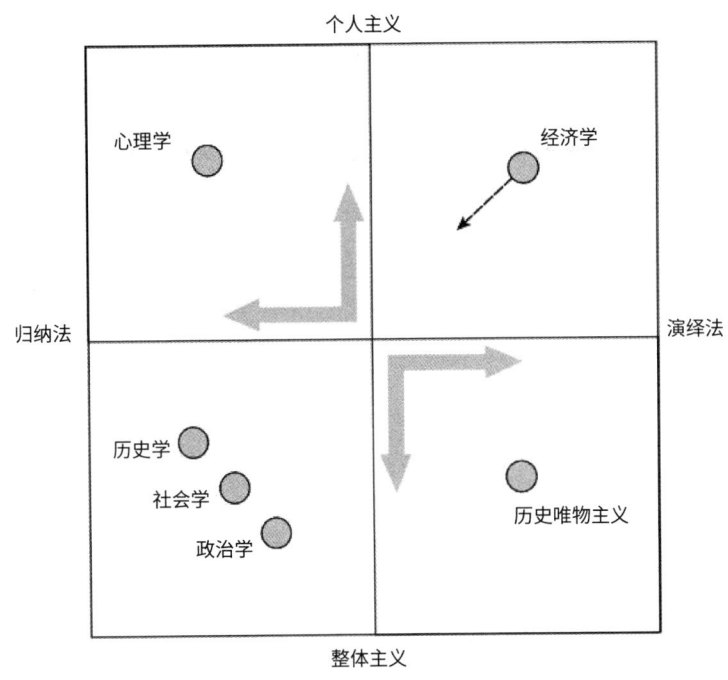

图 7 不同理解方式

和人类奋斗的一方面。波兰尼便曾提出过此种观点,他认为经济是一个嵌入式的体系。

不少人拒绝以我建议的方式扩大经济分析的范围,其标准理由是会使这门学科过于模糊,没有用处。这是克鲁格曼教授的观点,他给出了两个理由:第一,无论多么雄辩的思想家,如果采用"散漫的、非数学的风格",那么将被其他经济学家置若罔闻;其次,"受控的愚蠢模型"是获得有用真理的唯一途径。前一个理由只是简单陈述了当前经济学的情形，后一个则值得深思。我的看法是，"受控的愚蠢模型"在创造新知识的同时，也破坏了旧知识。这是因为任何东西，只要没法以严格、愚蠢的方式建模，都会被排除在经济学解释之外。我们可以简单地把这种破坏称为进步的代价，但这样会产生理解上的缺陷，可能很容易带来糟糕的政策。用克鲁格曼自己的例子，经济学家在20世纪70年代之前一直无法对规模报酬递增和寡头竞争进行建模（现在可以了吗？），也就是说，他们一直被束缚在"愚蠢"的竞争性经济模型中。

我怀疑克鲁格曼没有完全理解"经济学方法论使经济学家无法表达'合理见解'"这一说法的意义。他轻飘飘地为之开脱，说这些合理见解长期都会体现在"完全求解出来的模型"之中。[8] 但是长期是多长？短期内又会损失多少有用的知识？还有，他究竟为什么相信在长期更严格的条件下能产出更伟大的真理？

在社会科学中，只有经济学进行了形式化建模。心理学、历史学、社会学和伦理学都不用"受控的愚蠢模型"来更好地理解人类行为，它们的目标是罗森博格所说的"定性"预测，而非"定量"预测。主流经济学并未准备好做出这种舍弃，因为这意味着要舍弃与自然科学相像的说法。要是经济学真是一门自然科学，那做形式化建模当然没问题。可像警察一样问话，就能得到和警察一样的职权吗？若经济学与其他社会科学十分相似，能够给出的是定性而非定量预测，这个时候，如果还说只能通过形式化建模来获得事关经济生活的真理，那便太过自以为是了。

托尼·劳森提出了一个根本性的问题（见第7章）：如果经济学研究的对象与其他社会科学的对象相同，为什么要把经济学和其他社会科学划分开？换句话说，为什么不接受一门统一的社会科学呢？

其中一个答案是：经济学的研究对象确实是"封闭世界"，而其他社会科学则不是，所以经济学需要进行定量预测。这些封闭世界就像游戏的世界一样，目标明确，规则固定，动作数量有限。这样的世界一直存在，直至今日。它们是微观经济学中的东西。但我怀疑，对于现代经济生活，尤其是由金融机构主导的经济生活，封闭性并非一个良好的普遍假定。我们要问的问题是：经济学研究为哪些世界带来了独特的价值？为哪些世界带来的价值与其他社会科学差不多？对哪些世界来说则根本没有增加价值，甚至减损了价值？

最后，我们必须回到前现代思想的核心问题，也是"科学"经济学弃置不顾的问题：财富是用来干什么的？伦理学应该重新进入经济学的底层逻辑。经济学将需求当作前提，完全不批判人类对无限积累财富的渴求。基于此提出来的政策可能最终会导致人类灭亡。一个人若只是个经济学家，那无需关心这种事，但若是受过良好教育的经济学家，则肯定不能止步于此。

第十四章

经济学的未来

经济学的政治目的

经济学给我们带来了很多东西,但它的承诺超出了自身的能力范围,而且它只假定一种类型的人,即理性、前瞻的"主体",因而低估了其承诺的成本。这意味着它在重塑人类行为的道路上,到处都是破碎的社会。缠着第一代社会学家的幽灵再度出现:魅力超凡的领导人团结起漫无目的的群众,承诺为他们找回与生俱来的权利。

如何研究经济学这个问题在今天变得尤为紧迫,因为它与自由社会的存亡息息相关。20世纪30年代,凯恩斯便提出了这个问题:

> 今天的威权国家体系似乎以效率和自由为代价解决了失业问题。这个世界肯定无法再容忍与……今天的资本主义个人主义……紧密联系的失业。但若正确分析问题,完全可能在保持效率和自由的同时将问题解决。[1]

现在,失业问题以各种各样的形式出现——整体失业、就业不足、就业不稳定，并非全都容易定义、容易衡量，而且失业问题还伴随着"随意、不公平的财富与收入分配"[2]（这也是失业问题的部分原因）。与20世纪30年代一样，这些情况催生了独裁政党和政权，它们承诺以"牺牲效率和自由"的方式来解决经济问题。此外，人们普遍对以经济一体化为名的社区空洞化感到愤怒。那些被法国总统马克龙称为"落后者"的人，对那些自称为他们好的精英阶层充满了经济和社会方面的不满。因此，今天的好政策不仅需要"正确分析"经济问题，还需要强大的社会想象力。经济学无法独自完成这一切。但经济学所做之事，若能帮助经济体系更好、更公平地运行，便能缓解社会不满的重压。

凯恩斯抨击他那个时代的正统学说，并非针对经济学家的能力，而是针对他们的方法论。同样，今天也要对方法论进行彻底反思。动荡时期，以新古典主义经济学家为顾问十分危险，其所承诺之事，无法由放任的市场来实现。如果将其由封闭世界得出的结论应用于开放世界，就会产生严重的误导，可能导致政策上的重大错误。具体而言，新古典经济学家相信竞争性市场能自发地带来稳定和公平，忽视了通过设计使市场体系稳定公平的必要性——这一点凯恩斯十分清楚，但新古典经济学却坚决忽视了这一点。

如果经济学要在当下发挥作用，那就必须改变它对市场自我调节的信心。自由市场有秩序，这是经济学的重大发现，这一点意味着我们能够将经济生活从国家、城市、社区和惯性之中解放出来。但我们不应认为市场竞争足以带来秩序。市场是内嵌于政治制度与道德信念之中的。当今世界，市场不可避免地要对选民和交易者负责。跨境市场一体化并非毫无价值，但只有满足政治同意的条件时，才能以政治同意的条件、允许的方式推进这种一体化。这是判断的问题，不是论证的问题。检验政策好坏的唯一方法，应该是波兰尼提出的检验：社会为了进步会容忍多大程度的破坏和不平等？

这些思考与经济学的教学方式有关。经济学从微观经济学开始，探讨的是相对价格，如易货市场中确定的价格。凯恩斯将注意力转移到货币理论之上，并将其扩展至宏观经济学。宏观经济学现在已经被挤出市场，主流经济学认为宏观经济关系是前瞻的生产者和消费者在竞争市场中所做的理性决策的加总结果。

我理想中的教科书会把因果颠倒过来：我会从宏观经济的制度出发，展示制度如何构建市场、如何通过市场塑造个人选择。带有社会学性的经济学便应如此。该书的中心议题是国家的作用、权力的分配以及二者对财富与收入分配的影响。关于个体行为的假定只有一条：在知识不完备的条件下，个体会尽可能理性地行事。此外，我的教科书会明确指出，经济学唯一的合理目的是让人类摆脱贫困。此后，经济学便没有什么能教的了，伦理学、社会学、历史学和政治学会接过任务。这样的一本书会最低限度地使用数学，不过正确理解统计学的用途和局限十分重要。聪明的做题家总会有一席之地，但他们不会太重要。

经济学家提供政策改善世界时，应该比以往更加关注政治同意的条件。主流经济学中的公共选择思想十分幼稚，非常仓促地提出如下想法：在发明出无所不能的计算机之前，一切都应该留给市场去做。未来的史学家在回顾历史时，很可能会将金融主导的全球化视为21世纪苦难的根源。允许金融体系建立隐形的全球霸权，而将政治合法性留给各国政府，就是招致经济和政治灾难的原因。经济学不是这些不幸的原因，但它是同谋，因为我前面已经说过，经济学的方法无法给强有力的反叙事（counter-narratives）提供基础。

无论我们目前的不满会带来什么样的后果，如今自命不凡的经济学似乎都不会有多大帮助。经济学的自然轨迹是向其他社会科学靠拢；它将继续为思考人类状况提供不可或缺的工具，但它会与同僚平起平坐，而不是作为一个王者，统治其他学科。

注 释

前言

1. Marshall, 1890: 9
2. Harvey, 2016; Fischer et al., 2018

第一章

1. 转引自 Robbins, 1935
2. Samuelson, 1992: 240
3. Hahn, 1992
4. Keynes, 2015 [1938]: 281
5. Bhaskar, 1975: 70
6. 德国经济专家委员会主席 Christoph M. Schmidt, 2017
7. Robbins, 1935: 84, 86
8. Lo, 2017: 6–7
9. Streeck, 2016: 242–6
10. Tetlock, 2005
11. Keynes, 2015 [1924]: 173–4

第二章

1. Smith, 1904 [1776]: 4
2. Marshall, 1890: 1, 18
3. Robbins, 1935: 15–16
4. 同上：13
5. McConnell, Brue and Flynn, 2009: 8
6. Robbins, 1935: 15
7. Sahlins, 1972
8. Robbins, 1935: 92–3
9. Smith, 1904 [1776]: 165
10. Menger, 2007 [1871]: 125
11. 同上：125–7
12. Veblen, 1899
13. Galbraith, 1969; Packard, 1957
14. Hirsch, 1976; 罗伊·哈罗德（Roy

Harrod，1900—1978）的"寡头商品"（oligarchic goods）想法中便已带有位置商品的观点，后来罗伯特·弗兰克（Robert Frank, 1945—）在其"位置军备竞赛"（positional arms race）的概念中进一步发展了这一观点。

15. Robbins, 1935: 76
16. Sen, 1981
17. Robbins, 1935: 85
18. Marshall, 1890: 1

第三章

1. Mokyr, 2016: 5–6
2. List, 1909 [1841]
3. Meadows et al., 1972: 45, 87
4. Ricardo, 1817
5. 同上
6. Chang, 2002; Amsden, 1992; Bairoch, 1993
7. Chang, 2008
8. Mazzucato, 2013
9. Mill, 1848: 804–5
10. Rosenstein-Rodan, 1943; Hirschman, 1958; Lewis, 1954
11. Prebisch, 1959
12. Johnson, 1977
13. Hirschman, 1958: 110
14. Frank, 1966
15. Krueger, 1974
16. Smith and Toye, 1979
17. Wolf and Wade, 2002

第四章

1. Schumpeter, 1954: 968
2. J.W. Goethe, 1808, *Faust: Prologue in Heaven* (translated by Bayard Taylor)
3. Walras, 1954 [1874]
4. Hayek, 1937
5. Backhouse, 1997: 32
6. Kornai, 2006: 174
7. Foley, 2016
8. Schumpeter, 1954: 963–4
9. 同上
10. 将马克思作为周期理论家的最好解读见Desai, 2002
11. Arrow and Debreu, 1954; 简要解释见Hahn, 1989

第五章

1. 转引自Routh, 1984: 152

2. Samuelson, 1970: 1
3. Robbins, 1935: 66
4. Fleetwood, 2017
5. Jevons, Vol. 2, 1913 [1877]: 509
6. Phillips, 1958
7. Coase, 1999
8. Schelling, 2006 [1978]: 18
9. 保罗·萨缪尔森的说法更准确，但没那么好玩："从某种意义上说，正是因为我们自己是人，所以我们比自然科学家有优势。自然科学家没法说：'假设我是 H_2O 分子，在这种情况下我该怎么办？'社会科学家则经常有意无意地进行这种内省的同理行为。"（Samuelson, 1970: 9）
10. Krugman, 1995
11. 关于这一批评，见 Albert, 1976
12. Kaldor, 1961: 177–8
13. 在一本著名的书《黑天鹅：如何应对不可预知的未来》（2007）中，纳西姆·塔勒布（Nassim Taleb）指责传统经济学忽视了极端事件的可能性，他称这些事件为"黑天鹅"。很久之前人们就知道，并非所有的天鹅都是白色的，诗人塞缪尔·泰勒·柯勒律治（Samuel Taylor Coleridge）想象自己跟19世纪英国囚犯一起被送往澳大利亚，他说："带上我，小子们！我和你们一起去，去猎杀黑天鹅和袋鼠。"
14. 这被称为杜咸奎因理论，它指出，要从经验上检验一个明确的假说，如"X由Y引起"，我们必须有一些额外的隐含假说，例如"这是对'X由Y引起'的有效检验"，以及"检验工具是准确的"。
15. Popper, 2005[1959]: 65
16. Skoufias et al., 2001
17. Routh, 1984: 154
18. Alesina et al., 2019
19. Borjas, 2017
20. Hodgson, 1997
21. McCloskey, 1983
22. Mirowski, 1989
23. Rosenberg, 1995
24. Solow, 1985

第六章

1. Mankiw, 2018: 6
2. 没有一个无性别的等价说法。它的英文翻译"Economic Man"太有用了，没法舍弃。
3. Lazear, 2000
4. Haldar, 2018

5. Lucas, 1988
6. Stigler, 1982: 7,19
7. Sargent, 2015
8. Akerlof, 1970; Stiglitz and Rothschild, 1976
9. Wikipedia, Rational choice theory; Becker, 1968
10. 关于19世纪预防犯罪的经典功利主义方法，参见亨利·西奇威克在《政治元素》(*Elements of Politics*, 1891)中的讨论，转引自 Skidelsky, 1993: 7–8.
11. Rampell, 2013
12. Anderson, 2011
13. Angner, 2012
14. Priest, 2016
15. Thaler and Sunstein, 2008
16. Schwartz, 2015: 29
17. Syll, 2018

第七章

1. Gorz, 2010
2. Harvey, 2016
3. Pareto, 转引自 Fuller, 2006: 14
4. Samuels et al., 2003
5. Kant, 1784
6. Nisbet, 1993 [1966]: 13
7. 同上：16
8. Marx and Engels, 2004 [1848]
9. 转引自 Nisbet, 1993 [1966]: 28
10. Tönnies, 1957 [1887]
11. Weber, 1930 [1905]
12. Habermas, 1981a; 1981b
13. 转引自 Nisbet, 1993 [1966]: 90
14. Durkheim, 2006[1897]
15. Eldridge, 1972: 93
16. Weber, 1930 [1905]
17. 韦伯的追随者维尔纳·桑巴特（Werner Sombart）以犹太人取代新教徒，将其作为资本主义精神的发明者。北欧之所以成为经济发展中心，不是因为加尔文主义，而是因为15世纪90年代西班牙和葡萄牙将犹太人驱逐出境。见 W. Sombart, 1913.
18. Polanyi, 2002 [1944]: 46–7
19. 《奇爱博士》(*Dr. Strangelove or: How I Learned to Stop Worrying and Love the Bomb*)这部电影有趣地描述了手臂和大脑之间关系的破裂。在这部电影中，奇爱博士（彼得·塞勒斯饰）的手臂会不自觉地敬纳粹礼，他完全无法控制。
20. Lawson, 1997
21. "理性上瘾理论"声称"上瘾，即

使是强烈的上瘾，在预期最大化和稳定偏好的意义上通常是理性的"（Becker and Murphy，1988）。奥勒·雷格伯格（Ole Røgeberg）在一篇尖锐的评论中指出，此类实践是经济学一个更大问题的症状。他写道："这些理论表明，松散、无结构地解释、证明数学模型的方法，能够让人隐藏有问题的假设，尽管这些假设是所提出论点的核心。虽然既不能证明假设的正当性，也不能用客观的术语提供充分的解释，但却给出了特设示例，让人觉得自己已经理解、领悟了。"（Røgeberg, 2004）

7. 同上：4
8. 奥尔森还写了更多相关内容。奥尔森在其著作《集体行动的逻辑》(*The Logic of Collective Action*, 1971[1965]) 中解释了公共（或集体提供）商品的存在。某些商品，如街道照明和国防系统，必须通过税收系统来提供。因为非捐款人也能使用它们，所以要避免自愿捐款（"搭便车"）的情况。在苏联，政府因失去对收入的控制而垮台。在没有私有财产制度的情况下，一旦强制力减弱，搭便车就会大行其道。
9. Buchanan et al., 1978
10. Unger, 2019

第八章

1. Simon, 1976: 218
2. Galbraith, 1967
3. Hodgson, 2000b，转引自Hodgson, 2000a
4. Coase, 1937
5. Davis and North, 1971
6. North and Thomas, 1973: 16–17. 之所以说圈地保护农民，背后的想法是它消除了一些人偷偷"过度放牧"动机。

第九章

1. Stiglitz, 1993
2. Varoufakis, 2017
3. Lukes, 2016
4. Hearn, 2012: 20
5. Gramsci, 1971 [1936]: 12
6. Marx and Engels, 2004 [1848]
7. Pareto, 1991 [1920]
8. Smith, 1904 [1776]: 131
9. Cooper, 2003
10. Tugendhat, 1972

11. 卡特尔维持稳定价格的能力可能可以用来论证石油等行业卡特尔的存在，这些行业的自然条件会导致价格剧烈波动。
12. Robinson, 1969
13. Keynes, 2015 [1936]: 262
14. Robinson, 1962: 7
15. Cartwright, 1999: 2
16. 其实经济学也没有诺贝尔奖，经济学诺贝尔奖的真名是"瑞典中央银行纪念阿尔弗雷德·诺贝尔经济学奖"。其他所有诺贝尔奖都是根据阿尔弗雷德·诺贝尔1895年的遗嘱设立的，而经济学奖则是由瑞典中央银行（Sveriges Riksbank）捐赠设立的。
17. Marx and Engels, 2004 [1848]
18. Streeck, 2016: 190 19. Skidelsky, 2018
19. Skidelsky, 2018
20. Foucault, 1973 [1963] 21. Galbraith, 1983: 120
21. Galbraith, 1983: 120
22. 同上: 105
23. Friedman, 1993, 转引自 Cherrier, 2011
24. Earle et al., 2016

第十章

1. Hicks, 2008
2. 转引自 Gide and Rist, 1948: 10
3. Robbins, 1935: 69
4. Stigler, 1982
5. Krugman, 1995
6. Stigler, 1982
7. 均转引自 Routh, 1975: 2–17
8. Leontief, 1970
9. Hahn, 1970
10. Johnson, 2013
11. Sraffa, 1926, 转引自 Routh, 1975
12. Kuhn, 1962
13. Lakatos, 1978
14. Hansen, 2017

第十一章

1. Marshall, 1890: 31
2. Parker, 1986
3. Piketty, 2014
4. Denison, 1962
5. Solow, 1985
6. Kulikowski, 2014
7. Finlay, 1973: 56
8. Solow, 1985
9. Crafts, 1987

10. Saul, 2004

第十二章

1. Robbins, 1938: 148
2. Stigler, 1982: 8
3. Mill, 1848: 754
4. Smith, 1904[1776]: 32
5. Ricardo, 1817: 246
6. Marx, 1887[1867]
7. Whately, 1832
8. 凡勃伦的观点在斯密时已有雏形，他写道："（钻石的）稀缺性为其美丽增色颇多。对于大多数富人来说，享受财富主要在于炫耀这些财富。在他们看来，最完满的莫过于拥有这些富裕的决定性标志。"（Smith，1904 [1776]: 172–3）
9. Jevons, 1987 [1871]: 45
10. 同上：164
11. 不过神经科学家有信心攻克这个问题："（神经科学家）只要简单地监测你的微反应，就能衡量你对所见事物的情绪反应"。（Ramachandran，2010: 95）
12. Locke, 1764 [1689]: 220
13. Pigou, 1932 [1920]
14. Kaldor, 1939
15. 我清楚地记得，21世纪初，卡哈·本杜基泽（Kakha Bendukidze）和米哈伊尔·霍多尔科夫斯基（Mikhail Khodorkovsky）这两位俄罗斯商人在莫斯科进行了一场辩论。本杜基泽认为，公司对社会的责任仅限于股东价值最大化，而霍多尔科夫斯基认为企业还对社会负有其他责任。本杜基泽只是呼应了新古典经济学的观点，认为企业应该被视为追求利润最大化的大型个体。这确实成了20世纪80年代的标准学说：企业除了为所有者（股东）实现利润最大化之外，没有任何其他社会义务。这推翻了通用电气（General Electric）首席执行官欧文·杨（Owen Young）在两次世界大战之间所表达的旧"股东"观点："股东的最大回报不可高于风险溢价。其余利润应留在企业中，用以支付更高的工资，或转移给客户。"（转引自 Plender，2019）
16. Foley, 2009
17. 转引自 Galbraith, 1987: 119
18. Keynes, 2015 [1930]: 82
19. 转引自 Chaves, 2003: 336
20. Easterlin, 1974

21. Layard, 2005
22. 转引自 Scull, 2019
23. Layard, 2005
24. 更细致的论证见 Skidelsky and Skidelsky, 2012: Ch. 4
25. Sen, 1999
26. 更细致的论证见 Skidelsky and Skidelsky, 2012: 147–51
27. Alkire et al., 2015
28. Meadows et al., 1972
29. Raworth, 2017
30. 见 Oreskes and Conway, 2014
31. 更细致的论证见 Skidelsky and Skidelsky, 2012: Ch. 5
32. Sandel, 2012

第十三章

1. Keynes, 1964 [1936]: vii
2. O'Donnell, 1989: 3
3. Keynes: 1973 [1921]: 111
4. 假设你参加一场赛马，场上有三匹马，分别为红色、蓝色和黄色，庄家向你提供以下赔率：红色为1-1，蓝色为2-1，黄色为3-1（2-1意味着如果你赢了，除了返还赌本，还会多给你2倍的钱）。如果你花6美元赌红色赢，花4美元赌蓝色赢，再花3美元赌黄色赢，那么无论赛马结果如何，你都能赢回12美元。但你的赌本为6美元+4美元+3美元=13美元。所以你总会损失1美元。这样，你就是让庄家设了一场"荷兰赌"，因为你在所有结果上下注，但三个事件的隐含概率加起来超过了1（赔率较低的事件回报较高）。这类似于金融市场中的套利行为。
5. Ramsey, 1931 [1926]. 请注意，这与弗里德曼的建模规则相同：你可以选择任何前提假定，检验的对象是预测的准确性。
6. Keynes, 2015 [1936]: 260
7. 转引自 Skidelsky, 2018: 24
8. Krugman, 1995

第十四章

1. Keynes, 2015 [1936]: 260
2. 同上：252

图书在版编目 (CIP) 数据

经济学怎么了 /（英）罗伯特·斯基德尔斯基（Robert Skidelsky）著；林孟蔚译 . —上海：文汇出版社，2022.7
 ISBN 978-7-5496-3810-9

Ⅰ.①经… Ⅱ.①罗… ②林… Ⅲ.①经济学－研究 Ⅳ.① F0

中国版本图书馆 CIP 数据核字 (2022) 第 116944 号

What's Wrong with Economics? : A Primer for the Perplexed
Copyright © Robert Skidelsky, 2020
Translation copyright © 2022, by Golden Rose Books Co., Ltd.
本书简体中文版专有翻译出版权由 Robert Skidelsky 授权上海阅薇图书有限公司出版。未经许可，不得以任何手段和形式复制或抄袭本书内容。
上海市版权局著作权合同登记号：图字 09-2022-0444 号

经济学怎么了

作　　者	[英]罗伯特·斯基德尔斯基
译　　者	林孟蔚
责任编辑	戴　铮
封面设计	汤惟惟
版式设计	汤惟惟
出版发行	文汇出版社
	上海市威海路 755 号
	（邮政编码：200041）
印刷装订	上海颛辉印刷厂有限公司
版　　次	2022 年 7 月第 1 版
印　　次	2022 年 7 月第 1 次印刷
开　　本	889 毫米 ×1230 毫米　1/32
字　　数	200 千字
印　　张	9.5
书　　号	ISBN 978-7-5496-3810-9
定　　价	68.00 元